RECOMMANDÉ
PAR 5 HEURES

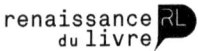

© Renaissance du Livre
Avenue du Château Jaco 1
1410 Waterloo
www.renaissancedulivre.be

www.rtbf.be/boutique

Photo de couverture : © Yves Brunson

Couverture et mise en pages : [nor]production
www.norproduction.eu

ISBN : 978-2-50705-252-2
Dépôt légal : D/2014/12.763/45

Droits de traduction et de reproduction réservés pour tous pays.
Toute reproduction, même partielle, de cet ouvrage est strictement interdite.

**HUGUES DAYEZ
RUDY LEONET**

RECOMMANDÉ PAR 5 HEURES

Entretiens avec Hugues Dayez
et Rudy Léonet retranscrits
par Morgan Di Salvia,
d'après des bandes enregistrées
retrouvées en 2014.

Photos de Yves Brunson

 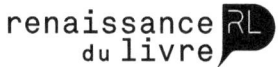

SOMMAIRE

L'ÉNIGME *5 HEURES*
NOTE DU RETRANSCRIPTEUR — 7

BANDE N° 2 :
L'AMI BEN — 10

BANDE N° 3 :
T'EN VEUX ? J'EN AI ! — 16

BANDE N° 4 :
RADIO GALAPIATS — 22

BANDE N° 5 :
ILS ONT LA CARTE — 32

BANDE N° 6 :
LE OFF DU OFF. L'ARGENT CIRCULE. — 40

BANDE N°7
LA TROISIÈME VOIX ET LE DEUXIÈME ÉCRAN — 48

BANDE N°10
GÉNÉRIQUES — 56

BANDE N°11
NOSTALGIE, DIEU ET CARA PILS — 62

BANDE N°12 :
LA BOÎTE À TARTINES POCAHONTAS — 70

BANDE N°13 :
EN DIRECT DE LA CABINE TÉLÉPHONIQUE DU FESTIVAL DE CANNES — 82

BANDE N° 14
CE QU'ON SE DIT PENDANT LA PUB — 92

BANDE N°15
J'AI MAL À MON AUTEUR — 100

BANDE N°16 :
GEORGE MICHAEL, SA VIE, SON ŒUVRE — 108

BANDE N°16BIS :
#VISIBLEMENTÉMÉCHÉ — 114

BANDE N°17 :
ROGER ET MOI — 120

BANDE N°18 :
LES COMÉDIENS FRAPPENT À LA PORTE — 126

BANDE N°19 :
VIOLON D'INGRES — 132

BANDE N°20 :
LES PIEDS DE MICHEL PICCOLI — 138

BANDE N°21 :
DEUX VIEUX MUPPETS — 144

BANDE N°22 :
LA LOI DES *JUNKETS* — 150

BANDE N°23 :
TÉLÉVISION CINÉMATOGRAPHIQUE ET CINÉMA TÉLÉVISÉ — 158

BANDE N°24 :
VARIÉTÉ FRANÇAISE — 164

BANDE N°26 :
UNE GRANDE VARIÉTÉ DE CRÉATURES — 174

BANDE N° 0 :
5 HEURES : THE ORIGINS — 180

L'ÉNIGME *5 HEURES* - NOTE DU RETRANSCRIPTEUR

Durant l'été 2014, c'est avec stupéfaction que j'ai appris la nouvelle : Rudy Léonet et Hugues Dayez, victimes d'un gros « coup de fatigue », avaient été écartés du monde dans un lieu tenu secret. Un bref communiqué interne à la RTBF, mais qui avait fini par fuiter, m'avait révélé la situation. En substance, on y apprenait ceci : dans un état nécessitant le repos complet, Dayez et Léonet avaient été envoyés plusieurs semaines en centre de jour, dans un isolement sécurisé. Véritable précaution médicale ou volonté de les réduire au silence ? J'étais bien décidé à le découvrir…

Profitant d'une journée portes ouvertes dans la vénérable maison, je me glissai subrepticement dans les couloirs de Pure FM, me faisant passer pour un coursier. Arrivé dans le bureau de Rudy Léonet, je finis par trouver un grand carton, rempli des bandes inédites, regroupant de nombreuses heures de conversation. À l'aube du vingtième anniversaire de *5 Heures*, Léonet et Dayez avaient, semble-t-il, monté dans le plus grand secret un monumental projet de livre anthologique. Je pouvais lire sur la boîte des bandes découvertes la mention : « Opération *Lost Tapes*. Analyse totale du divertissement et grand déballage des dessous de l'*entertainment* cinématographique et musical ».

Le secret médical ne permettait pas de connaître l'état de santé exact de Dayez et Léonet, et encore moins de les rencontrer pour éclaircir le mystère de ce projet. Certain qu'il y avait là matière à un livre de révélations, je contactai la Renaissance du Livre, en leur parlant avec fièvre de ce grand carton contenant plusieurs rouleaux de bandes magnétiques et une planche contact avec des photos de Hugues et de Rudy. L'éditeur, perplexe face à cet amoncellement d'enregistrements aux titres énigmatiques (« Les pieds de Michel Piccoli », « Une grande variété de créatures » ou « La boîte à tartines Pocahontas ») me demanda de les décrypter pour en livrer la substantifique moelle… C'est ce que je m'efforçai de faire tout au long de l'été, jour après jour, bobines après bobines, retranscrivant le fil d'une conversation étonnante.

Bien qu'auditeur fidèle de l'émission, je n'étais pour ainsi dire pas un intime du duo.
Ma seule rencontre avec Rudy Léonet datait de la fin du siècle dernier. Le hasard nous avait réunis lors de l'avant-première namuroise du film *Les Convoyeurs attendent* de Benoît Mariage, avec Benoît Poelvoorde. Notre bref entretien avait essentiellement tourné autour de la fascination de Léonet pour le punk de Flénu, figure mythique de l'émission et curiosité pour moi qui ai vécu à quelques centaines de mètres du repaire dudit punk.

J'avais plus souvent croisé Hugues Dayez, car nous partageons une passion pour la bande dessinée et avons eu l'occasion de nous fréquenter lors de vernissages, d'inaugurations et de lancements d'album. Ponctuellement, nous avons discuté de nos auteurs favoris et de nos dernières lectures. Poliment, nous avons échangé nos numéros de téléphone. Au cas où…

Lorsque j'ai eu vent de leur mystérieuse disparition, j'ai tenté, sans succès, de joindre Dayez par téléphone. Une fois, puis deux, puis dix. Mes appels sonnèrent dans le vide

Quelque chose se tramait. Est-ce que Rudy et Hugues savaient que leur retraite forcée était dans l'air ? Avaient-ils eu vent d'un complot ? Avaient-ils prévu cette « bouteille à la mer » pour mener à bien leur projet, coûte que coûte ?

Il y avait là une énigme à résoudre. Je me lançai donc dans la retranscription des bandes perdues, d'autant plus facilement que je semblais « désigné » par les malheureux.

Dans les pages qui suivent, je vous livre le contenu de ces mystérieux entretiens, tels que je les ai découverts. D'une bande à l'autre, au fur et à mesure, je vous ferai part de mes interrogations, car certaines zones d'ombre persistent toujours…

Morgan Di Salvia

Impossible de retrouver la bande n°1 qui est étrangement manquante. Selon l'intitulé de la n°2, je m'attends à croiser Benoît Poelvoorde, probablement l'invité qui est le plus souvent venu dans *5 Heures* au fil des années. Peut-être a-t-il participé à ces sessions d'enregistrement ? Qui pose les questions ? À ce stade, je n'arrive pas à identifier la voix, qui s'exprime loin du micro. Avec un accent namurois, me semble-t-il... L'enregistrement démarre en plein milieu d'une conversation.

L'AMI BEN

BANDE N°2

Nous allons parler cinéma, mais pas seulement. Ce livre sera l'occasion d'approfondir certains dossiers...

> **Rudy Léonet :** Oui, il y a des sujets très sérieux et d'autres qui le sont beaucoup moins.
>
> **Hugues Dayez :** On pourrait préparer un glossaire. Le lexique « Parlez-vous le 5 Heures ? »
>
> **R. :** Rempli de mots qu'on utilise tout le temps, qu'on retrouverait dans les pages roses au centre du livre. J'aime beaucoup ton idée, mon cher Hugues.

Sur antenne, vous avez décidé de vous vouvoyer. Alors que vous vous tutoyez dans la vraie vie. Pourquoi ?

> **H. :** Quelque part, c'est un héritage de la vieille école. Ne pas exclure l'auditeur, car le tutoiement implique une connivence un peu trop proche de la « *private joke* ». Même si, au fil du temps, l'émission s'est parsemée de *private jokes*. Sauf qu'elles sont partagées avec les auditeurs, là est toute la différence.

> Bien que l'idée un peu mégalo du lexique ait été abandonnée, ces premiers échanges laissent en tout cas penser que Dayez et Léonet croyaient dur comme fer à une publication imminente de leurs entretiens. Rusés, ils ont certainement choisi de commencer avec un sujet accrocheur : Benoît Poelvoorde !

On se souvient d'une prise de pouvoir de Benoît Poelvoorde sur Daft Punk !

> **R. :** Il était venu faire une émission sur La Première et il repassait juste dire bonjour.
>
> **H. :** Comment es-tu devenu pote avec Poelvoorde ? De mon côté, je l'ai suivi depuis ses débuts, lorsqu'il a débarqué à Cannes avec *C'est*

arrivé près de chez vous. On a le même âge, à trois mois près, et il a fait sa première interview télévisée avec moi, pour le JT de la RTBF. Évidemment, ça crée des liens…

R. : Il avait créé un spectacle, *Modèle déposé*, et le jouait au palais des Beaux-Arts de Bruxelles. Par l'intermédiaire de son attachée de presse, il fait dire qu'il aimerait que je vienne voir ce spectacle, parce qu'il écoute et apprécie *5 Heures*. J'y vais, et évidemment je suis bluffé ! Quelle performance et quel gars ! Il y a surtout un truc qui me touche énormément : voilà un mec qui peut redonner fierté et ambition aux jeunes francophones belges.

Parce que c'était un peu désert à ce moment-là…

R. : C'était tout à la Flandre et pratiquement rien à la Wallonie. En tout cas rien de cette envergure-là ! Après la sortie de *C'est arrivé…*, il y a une longue période où il ne se passe rien.

H. : Je pense que le trio Benoît Poelvoorde, Rémi Belvaux et André Bonzel qui a fait le film a la pétoche. Ils ont peur de la suite. Ça prend du temps à décanter.

R. : Exactement. Le temps passe, puis vient ce qu'on n'attendait pas : Benoît au théâtre. Puis les sketches de « Monsieur Manatane » et Poelvoorde décolle vers de très gros succès. Pour l'anecdote, il tourne des séquences de foule pour « Manatane » lors de l'anniversaire des 21 ans de Radio 21, où l'on a invité Beck, Eels et Neneh Cherry. Après avoir vu *Modèle déposé*, je le fais venir en studio, on s'entend bien. Tous les deux, on aime George Michael. Forcément, ça nous rapproche…

George Michael mérite un chapitre entier !

R. : Bien sûr, on y reviendra… À l'époque, j'approfondis mon idée et dis à Benoît, sur antenne, qu'au-delà de ses performances, il a un rôle incroyable à jouer : celui de redonner de l'ambition aux jeunes artistes belges francophones, alors que tout est à la Flandre, avec dEUS, Hooverphonic, Arno, Ozark Henry, K's Choice, Zita Swoon… Après ça, une certaine complicité s'installe entre nous. À partir de ce moment, Poelvoorde va passer de temps en temps dans *5 Heures*, pour dire bonjour, en direct et à l'improviste…

H. : D'ailleurs, je pense qu'il est toujours venu dans *5 Heures* hors période de promotion d'un film ! Mais même hors promo, ça reste un showman. Je me souviens de plusieurs interviews quand Poelvoorde était là. C'était difficile, car il interrompait toujours le truc. J'ai le souvenir que c'était compliqué et bordélique. Mais c'était unique !

R. : Il y a un moment de bravoure de Ben dans l'émission qui est passé à la postérité. Un jour, sur antenne, on découvre en exclusivité le premier album de Daft Punk (Virgin me l'avait filé en avant-première). Même si *5 Heures* n'a pas de conduite d'émission, j'arrivais chaque mercredi avec un bac de disques en studio, c'était du DJ selector, je savais ce que je voulais passer, mais je ne savais pas dans quel ordre. Donc, je lance un extrait de Daft Punk, je présente à Poelvoorde, qui d'abord me charrie en disant que c'est n'importe quoi. Il me demande s'ils ont été à l'école. Combien sont-ils pour faire ça ? Deux !? Il commence à déconner, il cause dessus, il fait un show ! Il invite les auditeurs à arrêter leur voiture, se mettre nus et à danser. Incroyable !

Séquence culte !

R. : Le mot culte est largement mérité ! Des DJs en ont fait des *bootlegs* vinyls ! C'est un type formidable. On a vécu des moments privés incroyables. Notamment avec Jeff Bodart. On se voit moins, il me manque.

> La bande s'arrête là. Des indices montrent qu'effectivement, Rudy et Hugues pensaient à une publication, puisqu'ils évoquent des chapitres, des thèmes à explorer. Toutefois, jusqu'ici, pas de trace de délire ou de symptômes qui pourraient annoncer leur « coup de fatigue » à venir. Je dois poursuivre le travail de retranscription.

Bien sûr, j'ai le souvenir
du spin-off de *5 Heures*,
la nocturne *T'en veux ? J'en ai !*
Une émission d'avant l'ère
du podcast. On n'a jamais trop
bien su pour quelles raisons
Rudy et Hugues avaient sabordé
l'émission. Peut-être vais-je
en apprendre un peu plus ?

BANDE
N°3

T'EN VEUX ? J'EN AI !

H. : Je ne sais pas, par contre, au bout de combien de saisons on s'est dit que quinze minutes ensemble dans *5 Heures* c'était trop peu…

R. : Ça s'est mis petit à petit. À force de digressions, le quart d'heure est devenu vingt minutes, puis une demi-heure…

H. : À un moment donné, j'ai aussi eu le problème d'être en concurrence avec moi-même ! Je devais prioritairement prester sur la chaîne qui m'employait, Bruxelles Capitale, où je traitais du cinoche le mercredi après-midi, sur un autre ton et dans une conduite très précise, à 17h45 pile poil. Je me souviens que Rudy me disait : « Viens plutôt dans *5 Heures*, Hugues ! » Ce que j'ai fait, mais je devais courir tout le temps entre les deux studios. Quelque part, à cause de ça, le format a glissé, et on a commencé le cinéma à 17h.

R. : Puis l'horaire a bougé dans le temps.

H. : Petit à petit, on s'installe entre 17h et 18h. Mais je dirais que le point culminant, le plus intensif du duo, c'est quand on fait à la fois *5 Heures* et *T'en veux ? J'en ai !* Il y a une heure le mercredi après-midi et deux heures le vendredi soir. Forcément, on renvoie les auditeurs d'une émission à l'autre.

R. : Pour *T'en veux ? J'en ai !*, on avait un habillage super. Ça a démarré avec encore Benoît Poelvoorde, il nous a fait le générique. Puis, petit à petit, Hugues a réenregistré la phrase-titre avec les stars qu'il interviewait. Ça nous a fait des jingles d'enfer.

H. : Marie Trintignant m'a dit : « Je veux bien le dire pour votre générique, mais vous ne m'ôterez pas l'idée que *T'en veux ? J'en ai !*, ça fait penser à des couilles ! »

R. : Fabrice Luchini a fait une superbe interprétation !

H. : On en a eu une kyrielle, avec Valérie Lemercier, Jean-Pierre Marielle… En fait, j'allais les voir au théâtre, et en fin de représentation, on enregistrait une interview et en bonus un jingle.

R. : Des jingles faits par des comédiens… Si on le refaisait aujourd'hui, on partirait à la chasse de Guillaume Gallienne !

T'en veux ? J'en ai ! n'a pas eu la longévité de *5 Heures*. Pourquoi ?

H. : Tout simplement parce qu'on a nos vies et un temps limité pour monter des projets professionnels. À l'époque de *T'en veux ? J'en ai !*, on allait boire un verre, trois quarts d'heure après l'émission.

R. : C'était assez pathétique, on se reprenait toujours une assiette de petits fromages avec sel au céleri et des dés de saucisson, accompagnés d'une Scotch au tonneau…

La rumeur disait que l'émission s'était arrêtée parce que le cafetier est mort ?

R. : Oui ! Le café a fermé.

H. : Mais l'émission ne s'est pas arrêtée pour ça. Par décision d'un supérieur hiérarchique, j'ai dû réintégrer à 100 % une rédaction d'info générale, cesser de m'occuper de l'actualité culturelle et donc d'assister aux visions de presse. De son côté, Rudy devait aussi préparer avec toute son énergie la naissance de Pure FM.

R. : La chaîne a été lancée un jeudi, et je pense qu'il a fallu attendre une semaine pour te retrouver sur Pure ! À la première émission, qui je le rappelle avait été rebaptisée *C'est un événement*, j'avais invité un chanteur sans maison de disques et j'avais oublié qu'il devait venir. Puis je le vois frapper à la vitre du studio avec sa mandoline : Patrick Wolf. Énorme. Depuis, il a aussi été mannequin pour Burberry…

H. : À la dernière émission d'une saison de *5 Heures* sur Radio 21, on en avait gros sur la patate car j'étais promis à une année de placard et on a passé *Always look on the bright side of life !* des Monty Python. Je ne savais pas si je reviendrais un jour dans *5 Heures*… Il y a eu une pétition. Plein de gens l'ont signée. J'ai gardé tout ça, c'était émouvant de voir que les auditeurs tenaient à ma présence.

R. : Aujourd'hui, on fait des pétitions pour un oui pour un non avec des sites de pétitions toutes prêtes. À ce moment-là, c'était moins courant, il fallait un peu se casser la tête, il y avait une vraie relation qui n'était pas à portée de clic. Il fallait parfois écrire une carte postale, la timbrer, la poster. C'était la préhistoire !

H. : Pour revenir à l'analyse de la longévité de *5 Heures*, je crois que ça dure parce que ça change tout le temps, et parce qu'on est aussi tributaire de l'actualité. Ce n'est pas comme *Le Jeu des dictionnaires* qui chaque semaine devait fonctionner avec du jus de cerveau. Nous, chaque semaine, on part de l'actualité discographique et cinématographique. Comme je dis toujours en boutade : il y a tellement de conneries, qu'il n'y a qu'à se baisser et ramasser !

R. : C'est drôle par défaut, mais *5 Heures* n'est pas une émission d'humour. C'est ça qui est compliqué à expliquer.

> *Je commence à percevoir une logique. Tout ça se déroule comme une mécanique aussi bien huilée que la chaîne de vélo de Hugues, pour mettre sur papier la mythologie de leur émission…*

Pour m'attaquer à cette bande labellisée « RADIO GALAPIATS », je décide de contacter la boutique RTBF pour me procurer un exemplaire du coffret DVD. Bizarrement, plus aucun n'est en stock. Le manutentionnaire me répond qu'une palette entière a été vendue l'avant-veille et qu'il n'est pas certain que le coffret soit encore disponible à l'avenir... Comme un déstockage qui ressemble à une disparition d'indices. Décidément, il se passe des choses bizarres autour des sujets abordés...

RADIO GALAPIATS

BANDE N° 4

Vous préparez l'émission en amont ?

R. : Pas du tout ! Enfin, pas ensemble. Ce qui est aussi amusant, c'est que l'émission évolue sous les yeux des auditeurs si j'ose dire. Les idées sont exposées sur antenne. Comme on se voit peu avec Hugues, pour ne pas dire pas du tout, même si on s'envoie des SMS et des e-mails, la conséquence positive, c'est qu'on s'économise. On a plein de trucs à se raconter lorsqu'on se retrouve le mercredi. Et par-dessus tout, quand on a une idée, elle naît à l'antenne ! Que ce soit Les Galapiats, Le Festival du Film de Cul dans la cave de Hugues, la Critic on Demand… La seule idée qu'on ait eue en dehors de l'antenne et qu'on garde jalousement, c'est ce qu'on est en train de faire pour l'instant : un livre pour se raconter vraiment.

Et si ce secret était la cause de l'isolement subit de Hugues et Rudy ? Ce projet aurait-il suscité de l'inquiétude en haut lieu ?

H. : L'exemple parfait de la naissance d'un phénomène, c'est vraiment « La Nuit des Galapiats ». Je ne sais plus comment on en était arrivés à évoquer ce vieux feuilleton télé à l'antenne… Toujours est-il que Rudy et moi repensons à Cowboy, Jean-Loup, Marion ! Ah Marion ! On part là-dessus, en déconnant sur une projection intégrale des *Galapiats* sur grand écran ! Un vrai *tribute*.

R. : Et où ? Eh bien à Stavelot ! Le pays des Blancs Moussis, qui jouent un rôle décisif dans le scénario des *Galapiats*.

H. : Au cinéma Versailles of course ! On dit tout ça sur antenne, sans rien demander à personne ! Et puis on commence à recevoir des coups de téléphone. Le syndicat d'initiative de Stavelot nous demande quand on peut réserver les places ! Alors qu'au départ c'était une blague, je me vois obligé de prendre mon bâton de pèlerin. Je vais voir le producteur historique du feuilleton, un vieux Flamand à blazer portant beau. Je rencontre ce vieux briscard qui me demande de quel budget nous disposons. Absolument rien, bien sûr !

R. : Si ! On pouvait lui proposer un pack de six !

H. : Ah ah ! Le producteur me dit que je lui suis sympathique et qu'il est d'accord pour prêter pour une soirée les bandes U-matic, un format vidéo antédiluvien. Je vais récupérer ça chez une brave vieille dame qui gardait les archives du producteur dans le fond d'une ruelle toute proche de la rue Royale. On recopie ces grosses cassettes de l'an mil sur Beta, on prend contact avec l'association des Blancs Moussis, le syndicat d'initiative de Stavelot, et on finit par voir le patron du Versailles. Il accepte notre projet de « Nuit des Galapiats » et fait sa meilleure soirée de l'année ! C'était exceptionnel : des spectateurs ont dormi dans leur voiture parce que la capacité hôtelière de Stavelot ne permettait pas d'accueillir les quatre cents personnes qui s'étaient déplacées pour l'occasion !

R. : On a fait ça un vendredi soir, un soir de *T'en veux ? J'en ai !*. On avait le droit de projeter ce film une seule fois et gracieusement, sur écran. Et face à la demande, ils ont refait des projections en douce la semaine suivante !

H. : Il y a prescription, donc on peut dire qu'il y a eu une deuxième « Nuit des Galapiats », sans nous.

R. : Pour la première Nuit, Jeff Bodart est venu chanter la chanson du générique *Ohé les gars…* On avait un beau programme.

H. : Un reportage sur « La Nuit des Galapiats » existe, il est sur le disque bonus. Parce que suite à tout ça, la RTBF a réédité, l'année suivante, *Les Galapiats* en DVD. C'est le meilleur exemple d'une idée qui naît sur antenne et qui aboutit à un truc de dingue.

R. : Lors de cette soirée, je vois arriver un type qui s'appelle Robert Mayence et est un réalisateur carolo, avec un physique à la Marcel Bozzuffi. Il m'avait donné cours à l'IAD. Il m'attrape et m'explique qu'il a été jeune assistant sur *Les Galapiats*, puis me file tout un incroyable classeur avec les notes de production, les fiches de dialogues, le planning du tournage de la série. Des documents d'archives que j'ai gardés en souvenir, alors que normalement, je ne garde rien.

H. : On n'avait pas de budget pour interviewer les acteurs, mais on a fait des interviews par téléphone de Marc di Napoli (alias Cowboy) qu'on a diffusées en radio. Fin de l'histoire. Mais l'année suivante à Flagey, pour le gala des cinquante ans de la télévision, le coffret DVD sortait, avec des bonus et tout le casting était présent pour l'occasion. On a des photos avec Marion adulte, côte à côte avec les acteurs.

R. : C'était magnifique ! La seule ombre au tableau, c'est qu'on n'a pas retrouvé Jean-Loup, qui a disparu dans la nature.

H. : On avait eu une autre idée qui n'a pas abouti, c'est « La Nuit des avant-dernières ». On voulait faire une nuit avec les « avant-dernières projections avant l'oubli définitif ». Une nuit du navet en quelque sorte. La Cinémathèque royale de Belgique nous avait donné son feu vert pour nous filer les copies, on avait UGC qui était partant, mais on ne s'en est pas sorti à cause de problèmes de droits de diffusion. Pour sortir *Le Jour et la Nuit* de Bernard-Henri Lévy…

Peut-être parce que c'était leur seule chance de faire du pognon sur le film !

H. : Voilà. Mais la plupart du temps, les idées, qu'elles aboutissent ou pas, sont lancées sur antenne. Comme le « Festival du Film de Cul dans ma cave », dont Rudy parle très régulièrement…

***Les Galapiats* ont marqué *T'en veux ? J'en ai !* mais aussi les prémices de Pure FM…**

H. : Logique, puisque « La Nuit des Galapiats » se déroule pendant la saison de *T'en veux ? J'en ai !*… Après, l'émission s'interrompt, et le 1er avril 2004, Pure FM arrive. Pour l'évolution de *5 Heures*, c'est important, car pour créer Pure, Rudy réfléchit à sa grille. Et il hésite très fort à continuer à faire de l'antenne. Il pensait juste reprendre éventuellement une soirée.

R. : Oui, je demande à tout le monde de se remettre en question et d'arriver avec des idées fraîches, des idées neuves et de ne pas refaire ce qui a déjà été fait. De profiter de l'opportunité. Je me dis qu'il faut que je donne le ton ! Je dois donner un signal. En même temps, comme directeur, je ne me voyais pas flinguer l'émission, parce que c'était une des émissions de Radio 21 qui cartonnait avec l'émission des *Classiques* du dimanche matin de Marc Ysaye. En fait, les deux pôles emblématiques des deux tendances de la chaîne.

H. : Lennon et McCartney !

R. : Oui, ou Blur / Oasis, c'est un peu ça. Sur Classic 21, Marc Ysaye conserve et décline *Les Classiques* dans sa grille, je me dis que ça serait une erreur de ranger au garage une locomotive comme *5 Heures*. D'autant que ça fera un point de repère pour les anciens de Radio 21, puisqu'on arrivait sur un autre réseau avec de nouvelles fréquences. Pour donner un signal de nouveauté, je change le titre de l'émission. On appelle ça *C'est un événement !*. Et on fait exactement la même chose, décliné sur deux heures. Dès que ça démarre, les gens nous disent : « *c'était mieux avant* », « *C'est un événement, c'est plus aussi bien que* 5 Heures ». Or, on faisait exactement la même chose ! Après une saison, sous la pression amicale des auditeurs, nous sommes revenus au nom *5 Heures*.

H. : Plus que le nom de l'émission, c'est le contenu musical qui a beaucoup changé au fil du temps. On a passé des tonnes de 45 tours improbables. C'était « Le bon disque », avant l'heure !

R. : Ils sont toujours là, dans l'armoire de mon bureau. Mais la poignée est cassée…

H. : Je me rappelle un morceau incroyable qui s'appelait *J'ai mal à ton cœur !* de Frank Olivier. J'ai commencé à décortiquer les paroles de la chanson : « C'est de l'analyse transactionnelle, c'est le Je et le Tu de Martin Buber » - des concepts ressortis de mes études de philosophie. Je me souviens du regard de Rudy, qui semblait dire : ce type est fou ! On philosophait sur n'importe quoi et déjà, il y avait le principe de causer sur les disques. Quelque part, Sébastien Ministru a affiné le concept en faisant « Le bon disque » dans Snooze, avec une mise en perspective.

R. : Oui, d'autant que Sébastien a une approche pointue de la variété. Sheila est son idole. Je trouvais super qu'il s'amuse avec ça et qu'on pousse le concept plus loin encore.

Pour suivre, il y a eu le « roulette disque »…

R. : La tape à gaille, les albums découvertes… Pendant tout un temps, on a passé la musique de Bouyour. Un personnage qui existe vraiment.

Les auditeurs avaient un temps réclamé une photo de lui, même de dos…

R. : J'en avais une dans mon téléphone, je devrais faire des fouilles pour la retrouver. En fait, Bouyour est sapé en costard, comme un VRP. C'est un Hollandais ou un Limbourgeois, qui amène toujours des sombres crasses…

H. : Mais dans une mallette Delsey !

R. : Oui, bourrée de compilations « Après ski » et ce genre de fourre-tout fumeux. Quand il arrive, il dit « bouyour ». Il s'assied et donne ses échantillons comme le ferait un représentant en pharmacie ou en produits cosmétiques pour salons de coiffure.

H. : Le contenu musical a changé et puis Rudy a fini par se concentrer exclusivement sur notre duo. Mais sur Pure FM, Rudy a placé les interviews rock ailleurs.

R. : Oui, j'ai laissé ça aux nouveaux arrivants. J'ai dû en faire une avec Soulwax, parce qu'on s'entendait bien et qu'ils avaient insisté pour que je la fasse, mais c'était exceptionnel. Et une fois, Julien Doré, je ne sais plus pourquoi, est venu dans *5 Heures*.

H. : Par contre, dans l'ancien *5 Heures*, j'arrivais pour le cinoche, mais la chronique précédente était toujours en cours ou l'invité précédent était encore là. Je me souviens de Stephen « Tintin » Duffy, et Rudy commence à parler de nos goûts sur antenne, je cite Erik Satie. Rudy, le sourcil en l'air, se tournait les pouces, et a fini par désamorcer, bien sûr. Rudy, c'est mon garde-fou. Quand il me voit partir dans un truc où l'on risque de perdre tous les auditeurs, il me ramène vers l'émission.

R. : C'est ça qui est drôle ! En gros, on ne s'est jamais mis autour d'une table en se disant : on rentre un projet d'émission. *5 Heures* s'est mise en place au gré des semaines.

La seule fois où il y a eu brainstorming, c'est pour le concept de base d'une émission de cinq heures ?

R. : En fait, tout ça est une émission protéiforme qui est dans sa forme aboutie pour l'instant, mais qui au départ ne partait pas du tout de ça.

H. : Je pense que *T'en veux ? J'en ai !* est née d'une frustration du fait qu'on n'avait pas assez de temps pour nos digressions.

R. : Oui et puis Hugues voulait encooore réintroduire (*long soupir*) de la bande dessinée. Alors, j'ai dit ok, mais je vais introduire autre chose…

H. : Des infos sur les nouvelles tendances de l'époque : l'hôtel Coste et les musiques lounge ! Quelque part, je dirais que *5 Heures* est un peu devenu *T'en veux ? J'en ai !* sur Pure.

R. : Non, je ne pense pas. Parce qu'il y a une différence fondamentale, c'est l'ambiance du soir. C'est pour ça que quand on fait les réveillons, on s'amuse comme des fous ! On dit d'autres choses la nuit. Tu te souviens du *T'en veux ? J'en ai !* où tu avais invité François Schuiten et je lui avais demandé de dessiner un Bart Simpson !

H. : J'ai encore le dessin ! Il s'est mis à l'ouvrage suant, soufflant ! On avait des invités d'horizons différents : on variait les plaisirs. Et comme j'allais souvent au théâtre, j'amenais des interviews d'acteurs, réalisées après le spectacle : Jean-Pierre Marielle, Valérie Lemercier…

R. : Mais on ne parlait pas de cinéma. Ou alors pour faire une thema, comme lorsqu'on s'est penchés sur *Harry Potter* avant l'explosion et que ça ne devienne un vrai phénomène.

Pour revenir à *5 Heures*, comment l'émission a-t-elle glissé du format original démesuré vers la structure plus ramassée cinéma et pop culture ?

R. : Ça évolue selon la grille de Radio 21. On doit faire avec les nouveaux horaires, chaque saison. À vrai dire, le basculement, c'est quand je deviens directeur de Pure FM. Pour être franc et par respect à la fois pour l'auditeur et pour les collaborateurs, je n'ai plus le temps, intellectuellement, de tenir les rênes d'une émission aussi lourde à gérer sans la bâcler. *5 Heures* sur Radio 21, je faisais ça tout seul : booker les invités, courir chercher les disques… Ça n'était plus possible dès lors que je devais manager Pure FM.

H. : À l'époque de 21, tu étais épuisé et Xavier Ess t'a remplacé ponctuellement. J'ai expérimenté l'émission sans toi. C'était éclairant, parce que je retombais dans mes travers. Je me raidissais. Je pense que c'était parce que Xavier me respectait trop. J'étais en chaire de vérité et je m'amusais moins, malgré tout le talent de Xavier.

R. : Le secret pour que Hugues démarre, c'est que je dois un peu le stimuler. Il faut des préliminaires. S'il n'y en a pas, Hugues continue sur sa lancée. Par contre, si tu lui mets le bon coup de vibrateur au moment où il faut : il déclenche !

H. : Le nombre de fois où Rudy m'interrompt lorsque je suis dans un long raisonnement difficile à tenir… C'est épuisant, mais c'est drôle et on ne voit pas le temps passer. Je voudrais souligner que le remplacement inverse n'a jamais eu lieu. Rudy n'a jamais parlé de cinéma avec quelqu'un d'autre que moi. Si j'ai fait des infidélités au duo, c'est parce que c'était dans le contrat de chaîne, je ne pouvais pas faire autrement.

Est-ce que vous pensez que *5 Heures* a fait des petits ? C'est une émission marquante pour une génération.

R. : Je dis tout le temps aux gens qui travaillent ici : surtout, ne faites pas ce que je fais avec Hugues. Nous ne sommes pas des exemples à suivre. Ce n'est pas le bon modèle dans le format Pure FM. C'est une émission détournée si on la compare à la ligne éditoriale de la chaîne. On fait du *talk*, alors que Pure est une chaîne musicale, je demande d'être concis. Ce que nous faisons est tout l'inverse. Ensuite, s'il n'y a pas de petits, c'est parce que le principe de l'émission n'est pas le fruit d'une réflexion, qu'on pourrait répéter avec d'autres gens. C'est une rencontre totalement fortuite, un *happy accident* ! Pourquoi ça dure ? Je ne sais pas. Si, je sais : on a la volonté que ça dure ! On aurait eu mille raisons de se claquer la porte au nez. Mais on s'observe et on ne veut pas se laisser tomber l'un l'autre. Pour moi, *5 Heures* est comme une récréation, une thérapie. C'est comme si j'allais à la gym ! J'aime ça. J'ai envie de me battre pour que cette émission reste au niveau. *5 Heures* me fait un bien fou et l'émission fonctionne, donc elle reste à l'antenne. Le jour où elle plonge, je serai le premier à la sanctionner.

H. : Pour poursuivre, je crois que c'est lié à une alchimie. Je n'ai pas le sentiment de faire de la radio quand je suis dans *5 Heures*. J'ai le sentiment de mener une conversation, j'en oublie la radio. Il n'y a pas de formule. C'est la rencontre de deux tempéraments. Si on se retrouvait dans la situation du duo comique Les Frères Ennemis avec un qui disparaît dans la nature, on serait bien embarrassé : le Frère survivant, André Gaillard, n'a plus fait grand-chose après la disparition de son complice…

**Chabadabada !
Eh bien, ce sont de vraies confessions.
Ou alors les premières atteintes du mal ?**

H. : J'ai l'impression que l'on crée beaucoup de duos artificiellement, la télévision ne rêve que de ça ! Mais ce sont des complicités écrites par des auteurs. Et moi, je sens si les gens se détestent ou en tout cas n'ont rien à se dire après le tournage. Le nid dans lequel a pu survivre l'heureux accident *5 Heures*, je suis pas certain qu'il pourrait éclore dans le contexte actuel, je ne sais pas si beaucoup de directeurs de chaîne accepteraient ton concept.

R. : J'ai un contre-exemple. De façon un peu artificielle, j'ai imposé à un moment donné à Sylvestre Defontaine, l'animateur de Pure FM sur les festivals de l'été, Émilie Mazoyer qui travaille sur *Le Mouv'* de Radio France. Je pense que dans un tout autre registre, il y a une espèce de rencontre qui s'est faite entre elle, très parisienne, pétillante, qui virevolte sur antenne, et ramène toujours tout à l'auditeur, et Sylvestre qui est beaucoup plus cérébral, dans la réflexion, dans la rigueur journalistique plus que dans l'animation. La rencontre sur antenne fait que la somme des deux est bien supérieure aux deux éléments séparés.

Il y a aussi le duo du matin dans Snooze...

R. : Là aussi, je crois qu'il y a une vraie rencontre, mais qui aurait pu ne pas fonctionner. Il y a une belle complicité aussi, différente, entre Sébastien Ministru et Vanessa Klak. Disons que c'est encore beaucoup plus compliqué, parce que c'est au quotidien. Je ne suis pas sûr que Hugues et moi au quotidien, on se supporterait !

J'ai laissé de côté
la retranscription quelques
jours. Pour mieux cerner
l'émission, j'ai passé
une petite annonce sur
une page de fans,
qui compilaient des heures
et des heures de 5 Heures
sur des cassettes audio.
Des espèces de psychopathes
prépodcast. J'espère que
l'un ou l'autre collectionneur
mordra à l'hameçon...

ILS ONT LA CARTE

BANDE N°5

Ce qu'on aime, c'est que *5 Heures* n'est pas complaisant, ni frotte-manche.

> **R. :** Ce qui est important, c'est que ça n'est jamais ni de la brosse à reluire systématique, ni du dézingage gratuit permanent. C'est argumenté et j'espère pertinent.

Il y a tout de même des gens que vous aimez moins…

> **R. :** Oui, mais il y a aussi des gens qui ont beaucoup moins de potentiel pour être aimés !

> **H. :** Tout comme on peut avoir des renversements de situation et des artistes dont on n'attend rien qui nous surprennent. Quand Jean-Claude Van Damme a réalisé son film, j'ai trouvé ça rigolo comme tout. *Le grand tournoi*, un film d'aventures, avec Roger Moore, totalement premier degré, c'était un scénario à la Jean-Michel Charlier, et c'était totalement savoureux !

Des gens dans l'émission sont parfois en pénitence et peuvent revenir dans la lumière à un certain moment…

> **R. :** Personne n'a sa carte à vie et personne n'est un paria à vie non plus ! On fait régulièrement des séquences pénitences. Récemment, on l'a fait pour Lou Doillon. On s'est payé sa tête de it girl pendant des années et elle a sorti un bon disque. On le reconnaît. Autre exemple récent, Matthew McConaughey. Ce gars est un mystère. Il a passé quinze ans à jouer les faire-valoir dans des comédies romantiques mettant en scène Jennifer Aniston et des chiens, et il se réveille à 40 ans pour enchaîner les projets les plus excitants de son époque jusqu'à décrocher l'Oscar. Pas mal pour un acteur qu'on considérait comme un Owen Wilson repenti !

> **H. :** Idem pour Renaud, période « Docteur Renaud, Mister Renard ». Cette autobio en creux avait beaucoup touché Rudy.

> **R. :** On peut au moins nous accorder ça. On a l'honnêteté intellectuelle de ne rien considérer comme définitif. Quelqu'un qui, selon nos critères, n'est pas passionnant ou talentueux, peut se révéler tout à coup formidable et sans tabou, on sera prêts à le saluer.

> **H. :** Cela dit, on a nos têtes de Turcs. C'est difficile d'imaginer qu'un nouvel album de Marc Lavoine va nous épastrouiller.

> Schroutch, schroutch. Un bruit laisse penser que Dayez se frotte vigoureusement le poitrail.

R. : Ah, Marc, c'est différent… C'est un cas désespéré. Pour illustrer ce que je disais plus tôt, il n'y a pas si longtemps, j'ai téléchargé le nouvel album de Dick Rivers au départ pour rire. J'ai écouté et c'était vraiment bien fait, du Johnny Cash en français, bien orchestré, pas poussif, ni prétentieux, bien chanté. Personne ne parle de lui, il n'y en a que pour Johnny qui ne ressemble plus à rien, ou pour Eddy Mitchell qui n'en finit pas de dire qu'il va arrêter et qui continue… Et au milieu de tout ça, Dick Rivers sort un album extrêmement honnête et authentique.

H. : Dans mon rayon, je peux prendre l'exemple de *Roman de gare*, le Lelouch incognito. Voilà un projet sur lequel Claude Lelouch avait tenté de revenir à ses fondamentaux, c'était bien, honnête. C'était une vraie bonne surprise après toute une série de films catastrophiques. C'est important de rester curieux, de ne pas fonctionner uniquement par a priori. Même si c'est parfois difficile…

R. : Quand tu vois un nouveau Yannick Noah avec une chanson écrite par Grand Corps Malade… Ça part avec un sérieux handicap.

H. : Il y a des visions de presse où je ne vais pas, quand le film n'est plus un film mais un produit. *Paranormal Activity 3* ou *Scary Movie 5*, je ne pense pas être obligé de m'infliger ça.

R. : Dans le rayon film gadget, je tiens Hugues en alerte, parce qu'il y a parfois de bonnes surprises. En gros, mon point de vue, en cinéma ou en musique, c'est qu'il faut que ça te remue.

H. : Rudy et moi n'avons pas du tout les mêmes goûts, mais malgré tout, il y a une confiance.

R. : Malgré l'expertise et les talents d'argumentation de Hugues, parfois, on ne tombe pas d'accord, comme sur *Les petits mouchoirs*, où il me dit que ça n'est pas réaliste.

H. : Non, le problème, c'est que sous couvert de réaliser une comédie de mœurs, Guillaume Canet se prend terriblement au sérieux.

R. : Ton argument principal à l'époque, c'était : « Oh, ces gens qui n'ont pas de problèmes à part des problèmes de gazon qui jaunit… Et ces bandes de potes friqués… » Mais je connais des gens qui vivent comme ça ! Alors effectivement, des films comme *LOL* et le cinéma du 16e arrondissement où on ne voit jamais les personnages aller bosser ou faire caca… Je conçois tout à fait que ça peut laisser de marbre. Le problème, c'est que ça fait des petits comme *Barbecue*, les mini-mouchoirs du pauvre.

H. : Même si nous ne sommes pas d'accord, le dialogue reste constructif et amusant, parce que chaque semaine, dans notre domaine, on fait face à des gens qui essaient de nous vendre la montre en or. Il y a encore plein de gens qui essaient de nous prendre pour des cons. Le fait de ne pas être dupes tous les deux du système dans lequel on vit nous permet de garder une vigilance. Je ne dis pas qu'on a raison, mais on essaie de ne pas se faire rouler en permanence.

R. : Ce qu'on essaie de faire, c'est de repérer, au milieu de ceux qui sont en première ligne et qui font un maximum de bruit pour attirer l'attention, des choses qui avancent un peu plus timidement et qui mériteraient tout un tintamarre. Servir de caisse de résonance pour ces choses-là est intéressant. Le tout est de ne jamais mettre dans des tiroirs et de toujours aller voir ce qui se cache derrière.

H. : Le jeu des tiroirs ou des étiquettes, c'est ce que font beaucoup plus les médias français qui fonctionnent par famille. Le critique cinéma de *Télérama*, par exemple, s'il n'est pas sponsor média du *Tintin* de Spielberg, il ne va carrément pas le voir ! Certains critiques ne vont jamais voir autre chose que des films d'auteur. Ils peuvent passer une saison sans voir une comédie de Ben Stiller ou de Seth MacFarlane. C'est nier la curiosité et les succès, je trouve ça dingue. Chaque média ne parle qu'à sa famille, à son lectorat. On est dans un simple rapport de clientèle. Quel dommage ! Mais bossant dans un média généraliste, je trouve ça extrêmement important d'aller voir des films qui sont loin de moi.

Ça rejoint également ton idée de comprendre l'économie globale du cinéma ?

H. : Tout à fait ! Je suis très agacé par des confrères qui se contentent de voir les films sans se demander si le film sort sur deux ou trente copies. On me demande toujours quels sont mes critères ; mon premier c'est la visibilité. Est-ce que le film que je vais critiquer sera visible un peu partout à Bruxelles et en Wallonie ? Il faut que le film circule, sinon c'est terriblement frustrant pour l'auditeur.

R. : Par rapport au choix éditorial, il faut jouer avec une stratégie subtile. Certaines grosses productions médiocres jouent le côté *indie*, la carte outsider, pour faire de l'argent avec des films paresseux maquillés « indie ». Le label Sundance et les affiches jaunes copiant celle de *Little Miss Sunshine*, ce n'est plus qu'un genre tarte à la crème. D'ailleurs, le cœur de création est en train de se déplacer vers un festival qui s'appelle South by South West où l'on retrouve le vivier véritablement indépendant.

H. : Il y a une récupération cynique du cinéma indépendant par les majors, qui créent ces branches qui travaillent « à la manière de »…

R. : En musique, les labels ont tous été rachetés les uns après les autres. En conséquence, leurs catalogues se sont ouverts. Blue Note a accueilli des rappeurs, c'était loin de leurs origines ! C'est une façon d'installer une crédibilité, mais le label racheté n'a généralement plus rien à voir avec l'esprit de départ. Ça devient un simple argument marketing, une étiquette sur une boîte.

Beaucoup de choses vous énervent, donc ?

R. : Les gens qui font des films ou des disques, on ne leur demande pas d'être objectifs, bien au contraire. Quand tu regardes ou écoutes leurs œuvres, on ne peut pas te demander de regarder avec de l'objectivité. C'est absolument impossible.

H. : Sélim Sasson disait que les gens vous trouvent très objectifs quand vous êtes du même avis qu'eux !

R. : L'idée est de percevoir les choses avec son propre prisme, son vécu. L'important étant de légitimer son avis, d'argumenter, de remettre en contexte pour pouvoir le défendre et le partager.

H. : Un exemple que je reprends souvent, c'est *La piel que habito* de Pedro Almodóvar. Pendant la première heure du film, ce mec refait *Les yeux sans visage*, chef-d'œuvre du cinéma fantastique de Georges Franju. À la conférence de presse de Cannes, je lui pose la question et il me répond : « Oui, c'est mon film de chevet, je le connais plan par plan. » Or cette influence n'est pas créditée au générique. C'est de la malhonnêteté crasse !

R. : Quand Almodóvar a dit « j'avoue tout sé qué tou veux, Hougues », je dois préciser que Pedro et Hugues avaient l'un et l'autre une boule rouge dans la bouche, façon Marsellus Wallace dans *Pulp Fiction* ! Ah ah ! Blague à part, l'explication sur les emprunts, c'est Étienne Daho qui me l'a donnée en off d'une interview : ne jamais citer ses influences réelles, toujours s'en inventer, pour brouiller les pistes. De telle sorte qu'on ne sait jamais où tu as piqué tes idées… C'est le bon plan !

Il n'a pas fallu attendre longtemps. Deux collectionneurs de cassettes *5 Heures*, Sylvain B. et Nathan S. m'ont chacun envoyé quelques pièces de leurs archives, longuement, très longuement commentées. Je leur ai proposé un rendez-vous pour leur révéler le projet qui m'occupe. On a discuté autour d'un café. L'un comme l'autre sont persuadés que Léonet et Dayez avaient mis le doigt sur des dossiers compromettants du show-biz. Je ne suis que moyennement convaincu par leur théorie. À part le goût pour l'informatique de Rudy et la coupe de cheveux de Hugues, je ne vois pas trop de point commun entre le duo et Julian Assange. Cependant, la prochaine bande dépouillée promet un petit coup de scandale...

LE OFF DU OFF
L'ARGENT CIRCULE

BANDE N°6

R. : Le off du off, c'est très excitant. Aujourd'hui, j'ai lu que *The Wolf of Wall Street* aurait été fait avec de l'argent blanchi, ça j'aimerais bien creuser ! Le fait qu'à Kinépolis, pour 3 € de plus, tu as accès à une séance de cinéma garantie sans nachos, sans pop corn et avec des gens qui ne vont pas crier dans la salle, j'aimerais aussi creuser…

H. : On pourrait également parler des gens qui achètent eux-mêmes leurs albums pour faire croire que ça marche… Enfin, là on est dans un autre chapitre du livre.

R. : Il faut comprendre la logique qui gouverne l'industrie du divertissement. Prenons un exemple récent. Le carton d'un film comme *Les garçons et Guillaume à table* : il semblerait que derrière, il y ait tout même un truc plutôt bien pensé. Des producteurs qui n'ont rien à se dire en général, soit, d'une part, des gens qui font plutôt les films de Éric & Ramzy et, d'autre part, ceux qui font du label MK2, se sont réunis pour produire ce film. Les uns tirant le film dans le sens du film d'auteur, les autres dans le sens du film populaire, façon Gaumont. En fait, deux sphères culturelles qui ne se parlent normalement pas, pour la première fois, se réunissent. Ce film réfléchissant par deux visions complètement différentes, tire sur un spectre hyper-large. Ça laisse penser que le succès et le consensus autour du long métrage de Guillaume Gallienne n'est peut-être pas si accidentel que ça. Ce qui n'enlève rien à ses qualités.

H. : On est à l'affût de ce genre d'analyse. Rudy et moi, on est tous les deux passionnés par le dessous des cartes. Je connais énormément de confrères qui s'en moquent. Ils ne se concentrent que sur l'objet film et pas sur sa carrière en salles, ni son financement. Moi, en fait, plus ça avance, plus ça m'intéresse de connaître la logique économique et industrielle qui fait loi. Des dossiers comme les batailles entre les deux adaptations de *La guerre des boutons*…

R. : Ou les deux *biopics* simultanés sur Yves Saint-Laurent… On a eu aussi une concentration de films sur Coco Chanel.

H. : Tout ça nous excite tous les deux ! Rudy a l'œil sur des cas pratiques dans le domaine de la musique et moi dans celui du cinéma. Nous avons un terrain d'entente pour parler du off aux auditeurs.

C'est rarement évoqué dans d'autres émissions de pop culture.

R. : Oui, il y a une norme du journalistiquement correct qui engendre une scission.

H. : Tout à fait, c'est très scindé. Soit, tu as des journalistes économiques qui analyseront le box office de l'année, soit des critiques de cinéma pur jus qui ne parleront que du récit et de sa mise en forme. Mais les gens qui ballottent d'une discipline à l'autre, qui suivent à la fois les débats sur le *tax shelter* et les sorties en salles, sont finalement assez rares.

R. : Quand on a fait une émission spéciale « Euro *5 Heures* » sur le cinéma européen, c'était lourd de contenu, mais avec beaucoup de vulgarisation.

H. : Les invités, pris par l'esprit de l'émission, avaient oublié la langue de bois.

Bouli Lanners y avait dit qu'il était prêt à arrêter de réaliser des films…

R. : Non seulement il a dit qu'il allait arrêter, mais il expliquait pourquoi ! C'était incroyable. Bouli n'avait certainement pas prévu de dire ça, mais emporté par l'émission, il s'est livré.

H. : On n'a pas souvent d'invités, mais il se passe toujours quelque chose quand on reçoit quelqu'un.

Il faut croire que votre émission inspire la franchise…

R. : Tu sais pourquoi ? C'est parce que finalement nous sommes terriblement en empathie avec les gens dont nous parlons et avec leur travail. Je pense que par rapport aux films et à ceux qui les font, par rapport à ceux qui font de la musique, par rapport aux créateurs, à ceux qui ont une vision, il y a énormément d'affection et d'admiration de notre part. On a un amour immodéré pour ceux qui ont de la personnalité. C'est pour ça que, quelque part : qui aime bien châtie bien. La critique est crédible, parce que derrière ça, on sent bien qu'il y a un amour pour le travail de ces gens-là. Nos critiques essaient juste de débusquer les imposteurs !

H. : Le meilleur exemple, c'est Benoît Poelvoorde. Je ne compte plus le nombre de films de Poelvoorde que j'ai flingués, mais ça n'a jamais entaché notre bonne entente. Au-delà de nos critiques, les cinéastes et les acteurs savent que *5 Heures* est une émission où l'on est très conscient des vrais efforts. Où l'on reconnaît ceux qui mouillent leurs chemises. Malgré tout ce que l'on peut dire, il y a tout de même des complicités qui demeurent. Je sais bien que des artistes qu'on a critiqués viendront, non pas régler leurs comptes, mais parler vrai dans une émission comme la nôtre.

R. : Je suis d'accord avec Hugues, mais je n'aime pas l'expression « régler des comptes ». Parce qu'il ne s'agit pas de ça. On n'a de compte à régler avec personne, si ce n'est avec notre conscience. Je crois que plus que de la complicité, c'est du respect mutuel. Quand on dit d'un film de Poelvoorde qu'il n'est pas franchement réussi, je pense que dans son for intérieur, Benoît le sait. Je ne dis pas que les gens qui nous écoutent sont tous d'accord avec ce que l'on dit. Mais globalement, ce que l'on dit est suffisamment argumenté, pertinent, démontré avec un *background* conséquent, qui fait que oui, effectivement, ce n'est pas juste « je n'ai pas aimé ce film, passons au suivant ». Parfois, on s'accroche sur des trucs. Hugues n'aime pas quand ça se passe dans la bourgeoisie. L'exemple « préféré » de Hugues dont on a déjà parlé, c'est le film de copains friqués de Guillaume Canet *Les petits mouchoirs*. Hugues trouve qu'un film comme celui-là relève de la science-fiction. Mais je lui dis : « C'est faux, des gens vivent comme ça ! Et ils ont droit à leur film ! »

H. : Ah oui, je sais que ça existe, mais je trouve que ça n'a aucun intérêt quand c'est réalisé sans humour, au premier degré.

R. : Ok, mais les bourgeois ont aussi le droit d'avoir leur film. Comme il y a des comédies romantiques pour les sexagénaires, qu'on aime ou pas. Maintenant, qu'on te présente ça comme des films qui font rêver, parce que c'est dans un écrin clinquant… C'est autre chose…

Il y a un précepte qui vous est cher, c'est celui selon lequel « l'argent doit circuler »…

H. : Tu vois, c'est un plaisir de parler de ça sur antenne. D'autant qu'avec la radio par Internet, de plus en plus de Français nous écoutent.

R. : Il y a une espèce de diaspora de *5 Heures* en *streaming*.

H. : Je sais que des « professionnels de la profession » en France nous écoutent et se frottent les mains parce qu'on dit en direct des choses qui se disent uniquement dans le landerneau à Paris.

> Serait-ce l'explication de la « disparition »
> de Léonet et Dayez ? Une opération silence
> télécommandée depuis la France.
> Ce serait incroyable !

R. : L'histoire du prix des films français et des cachets des acteurs français, où va l'argent, à qui profite le crime, c'est passionnant. Quand Vincent Maraval de Wild Bunch a écrit une tribune dans *Le Monde* qui venait confirmer ce que l'on sous-entendait sur antenne depuis un moment, c'était énorme. Et là c'est quelqu'un de l'intérieur qui le disait ! Il a les dossiers, puisque c'est lui qui les signe !

Donc *5 Heures* ne ment jamais ?

R. : Je pense qu'effectivement, on dit toujours la vérité. Il n'y a pas de mensonge. On ne dit pas toute la vérité. Il y a des choses qui ne méritent pas d'être dites sur antenne…

Est-ce que l'industrie vous écoute ?

R. : Certaines maisons se branchent sur Pure le mercredi à 17h, oui. Je m'amuse souvent à prendre le contre-pied quand Hugues annonce : cette semaine, sortie d'un film iranien… Je soupire. Et Hugues me rattrape comme il peut. C'est un jeu amusant. Je demande toujours qui distribue ça et je veux un nom et je le donne à l'antenne pour souligner le courage d'un distributeur qui sort un film sur l'histoire d'un mec qui vit seul avec sa chèvre en haut d'une montagne, la même semaine où sort *X-Men 3*… La regrettée Éliane Dubois de Cinéart nous a plusieurs fois proposé de venir boire une bière au bureau, quand on avait parlé avec enthousiasme d'un de ses films difficiles.

> Ici, je sens, d'après le silence,
> une complicité réelle entre les deux interlocuteurs.

H. : Parfois, j'arrive encore à surprendre Rudy avec des films a priori pas du tout pour lui, comme le *Pina Bausch* 3D de Wim Wenders. En sortant de la vision de presse, j'étais épaté, l'utilisation de la 3D était ébouriffante. J'étais chaud boulette, je pense que le distributeur a dû sortir le champagne quand j'ai chanté les louanges de ce film sur les ondes. C'était inattendu.

R. : Je l'ai effectivement regardé et compris ton enthousiasme. C'était bien.

H. : Ce qui est dingue par rapport à mon boulot de critique, c'est que désormais, on reçoit des mails dès la sortie de la vision de presse, les distributeurs nous demandent un avis directement pour les futures réunions marketing. On a l'impression qu'eux-mêmes ne pensent plus rien de ce qu'ils ont acheté !

Ça peut aller jusqu'à influencer ou non l'achat d'un film ?

H. : Oui ! Le truc le plus incroyable, ce sont les SMS à Cannes. C'est le casino. Je te donne un exemple. Pour le film *Tournée* de Mathieu Amalric, l'engouement de la presse française aidant, les prix montaient pour l'achat du film. Par SMS, les distributeurs belges faisaient la tournée des médias principaux, pour tâter le terrain, pour voir s'ils allaient être suivis s'ils achetaient le film très cher. Ils se sont rendu compte que la presse flamande détestait le film, n'y comprenait rien. Le « new burlesque », ça n'était pas leur truc. Ils n'avaient personne du côté néerlandophone et quatre ou cinq médias francophones. La plupart des distributeurs se sont retirés de la table parce qu'il n'y avait que la moitié de la presse belge derrière eux, ça n'était pas assez pour faire marcher le film.

Choisir de distribuer un film en se basant sur des SMS de journalistes, c'est un peu *Casino Royale* ?

H. : Oui, c'est une partie de poker menteur.

R. : Plutôt *Wolf of Wall Street* : achète ! vends ! revends !

H. : Rudy a bien résumé : limitons la prise de risque au maximum.

R. : Et de plus en plus en amont. Dès le départ, en fait.

H. : Il y a aussi la volonté de t'associer au processus. Tu es pris en otage… Tu peux le faire à titre amical, mais voir un film en projection privée avec un concert de flamenco et des shoots de vodka, très peu pour moi. Je vois le film et je me fais un avis, point. On essaie toujours de t'enrober le truc. On a aussi fait des écoutes d'albums dans des limousines pour éviter le piratage.

R. : Parfois, il y a de bonnes idées. Coldplay a organisé un grand concours pour le lancement de son dernier album, avec des messages cachés dans des bibliothèques de différents pays du monde. Les messages formaient une sorte de chasse au trésor. C'est original, c'est une vision augmentée. Ce qui fait la différence, ce sont de belles idées.

> J'entends des bruits de chaises, des toux et la conversation s'interrompt...

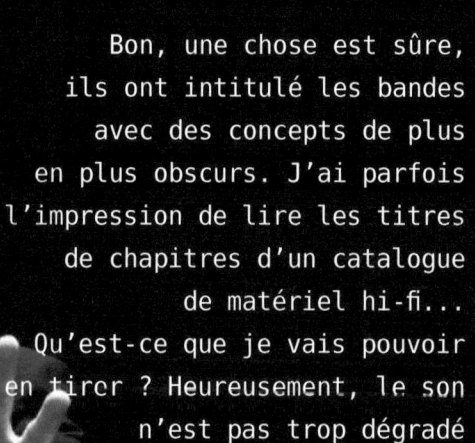

Bon, une chose est sûre, ils ont intitulé les bandes avec des concepts de plus en plus obscurs. J'ai parfois l'impression de lire les titres de chapitres d'un catalogue de matériel hi-fi… Qu'est-ce que je vais pouvoir en tirer ? Heureusement, le son n'est pas trop dégradé

LA TROISIÈME VOIX ET LE DEUXIÈME ÉCRAN

BANDE N° 7

On n'a pas beaucoup parlé de la première partie de la vie de l'émission, les années sur Radio 21. On a plus parlé de Pure. On peut revenir en arrière ?

R. : Moi, j'ai une mémoire trouée pleine de fuites mais on peut essayer…

Les autres intervenants de l'émission. On peut les évoquer.

H. : Je pense qu'il est important de signaler le rôle grandissant de l'ingénieur façade. C'est une troisième voix.

> Ok, j'ai compris le titre de la bande.

R. : C'est beaucoup le cas avec Laurent Lacroix. Et auparavant, Yves Brunson. J'utilise mon « autorité hiérarchique » sur la chaîne pour essayer que ce soit Laurent qui soit chaque fois présent pour *5 Heures*. Cette complicité avec Laurent est liée au fait qu'on a fait énormément de réveillons de la Saint-Sylvestre ensemble. Là, c'est un autre exercice sportif, on arrive et il faut tenir quatre heures sans actualité, si ce n'est le bilan de l'année. Et chaque année, on donne une couleur différente au réveillon. On a commencé avec les folders des fêtes qui veulent vendre des trucs insensés : les « *mist machines* », la vodka qui rend aveugle, les bûches de Noël en carton, de la lingerie de Mère Noël en dentelle rouge…

H. : Une revue de presse pitoyable du dépliant commercial de saison ! Et c'est vrai que Laurent Lacroix était de la partie.

R. : Il rebondit bien, il nous connaît. Quand on part dans un délire comme ça, on ne sait pas nous-mêmes où tout cela va nous mener. À un moment donné, quand on décide en dernière seconde de changer de musique ou de chanson, il faut illustrer et être réactif. Avoir un interlocuteur ingénieur du son qui anticipe sur ce qu'on va faire, c'est une complicité nécessaire.

H. : J'ai lu récemment l'anecdote de Louis de Funès qui n'aimait pas travailler avec Édouard Molinaro, parce que Molinaro ne riait pas à ses blagues et qu'il avait l'impression de jouer dans le vide. Moi, je suis comme ça. Un ingé son marmoréen, ça me déprime complètement, parce que quelque part, il est mon premier public, outre Rudy. Il y a un élément déterminant qu'on oublie d'évoquer, c'est l'écran. À l'origine, c'était une émission sans image. Aujourd'hui, il y a la page Facebook, Rudy cherche des bandes-annonces, des clips, des photos de Zaz ou l'affiche de la C.O.D… Tout en parlant, on vérifie des infos et on donne du contenu supplémentaire aux internautes.

R. : Parfois, je relève la tête et je vois le regard de Hugues, plein de détresse, qui cherche à m'accrocher sur un truc avec les yeux, alors que je viens de passer trois minutes à chercher la bande-annonce du nouveau Franck Dubosc.

H. : Ou une photo de Corynne Charby nue !

R. : Ça prend moins de temps à trouver qu'un bon film de Dubosc. Parfois, je suis moins attentif pour des raisons techniques, avec les e-mails. Depuis que nous avons une page Facebook, ce lien direct avec les auditeurs est plus facilement gérable.

H. : Là où Rudy est très fort, c'est qu'il m'a toujours empêché d'aller trop loin dans une mauvaise direction. Je pourrais parfois glisser dans une sorte de snobisme *old fashioned*. Rudy m'en préserve.

L'écran, la recherche de bandes-annonces ou d'affiches de films, ça a fini par faire éclore une nouvelle séquence, celle de la « Critic on Demand »…

H. : Moi, ce qui m'amuse surtout avec la C.O.D., c'est d'échapper à la dictature de l'actualité.

R. : Il y a assez de mauvais films qui sortent, ces voleurs de temps ! Du temps que l'on pourrait consacrer à d'anciens films !

H. : Il y a des semaines vides. On s'en rend mieux compte depuis qu'on met des cotes aux films ! La « Critic on Demand », c'est un rafraîchissement. De nouveau, c'est un truc né sur antenne.

R. : Tout a commencé à cause du film d'animation *Jack et la mécanique du cœur*. On l'avait loupé pour cause de vacances, et puisque le film était né dans le giron du groupe Dionysos, les auditeurs de Pure étaient curieux, ils voulaient connaître notre avis sur le film.

H. : D'autant que beaucoup d'animateurs et techniciens belges avaient travaillé dessus. Bref, je suis allé rattraper le film en salles. Il y avait une demande, on a fait la « Critic on Demand » la semaine suivante ! Rudy a inventé ce nom superbe et absurde, c'est tout à fait son style!

R. : Maintenant s'il suffit de passer un coup de fil pour avoir une critique… Alors je demande la critique de *La traversée de Paris*. Et Hugues me répond : bien sûr, je suis prêt !

H. : Je me dis aussi que ça peut sauver certaines semaines où l'actualité est plombante. Retrouver un enthousiasme quand il n'y a que des naufrages à l'affiche, c'est compliqué. La solution amusante ? Sortir de l'actu !

R. : Puis, ça permet une nouvelle interaction avec nos auditeurs. On a une liste de films C.O.D. qui s'allonge sans cesse. Un vrai catalogue et des demandes récurrentes pour les films qui ont la cote C.O.D.

La Critic on Demand est quelque part un petit peu contradictoire avec l'idée d'être toujours ouvert sur ce qui va arriver.

R. : À un moment donné, ce n'est pas une émission de compromis, c'est une émission où l'on partage des idées. Ça excitait très fort Hugues de consacrer du temps à un film qui en vaut la peine, même s'il n'est pas sorti la semaine de l'émission. On passe déjà tellement de temps à parler de films qui n'en valent pas la peine, juste parce qu'ils sortent… Tout ce qui est contemporain n'est pas forcément bon. Simplement, je peux comprendre que des gens aiment un film même si ça a déjà été fait, même si c'est du « déjà vu ». Parce que pour eux, c'est vivant, c'est contemporain, c'est ici et c'est maintenant. C'est comme ça que les gens se sentent vivants et n'ont pas l'impression de vivre à la mauvaise époque. Il n'y a rien de pire que de tout le temps laisser sous-entendre aux gens qu'ils sont nés au mauvais endroit et à la mauvaise époque. Je suis pour réconcilier les gens avec leur époque, tout le temps.

H. : La C.O.D., ce n'est pas uniquement dire : regardez comme c'était bien dans les années 1970. Ce qui est fascinant et doit être souligné, c'est que vous pouvez tout revoir facilement. Quand Truffaut a voulu faire ses entretiens avec Hitchcock, il a dû demander à la Cinémathèque française de lui sortir des bobines ! C'était une galère absolue. Aujourd'hui, si tu veux faire un portrait ou une thèse, c'est accessible en deux temps trois mouvements. Il y a des coffrets DVD ou Blu-Ray qui proposent des intégrales de la plupart des grands cinéastes. La C.O.D. renvoie aussi à cette mémoire disponible.

R. : Il y a deux aspects. Parler d'un vieux film, ça, c'est l'affaire de Hugues. Puis il y a une réflexion sur comment emballer ça pour en faire un truc moderne. L'appeler Critic on Demand, c'est se moquer gentiment de la Video on Demand, on annonce si le film est disponible et sur quel support, on met un générique avec la voix de Laurent Lacroix, la musique de Miles Davis pour *Ascenseur pour l'échafaud* et un type qui fume et qui tousse pour prendre de la distance et attaquer ça avec un peu de second degré. Ce qui nous permet aussi de nous mettre un filet de protection qui dit : attention, on ne va pas tomber dedans...

H. : De la radio en noir et blanc.

R. : Sur le fond, c'est ça, c'est une séquence en noir et blanc d'une autre époque où on fumait à la radio et à la télé. Mais l'emballage reste moderne et totalement dans l'esprit de l'émission.

Il n'y a jamais eu d'émission *5 Heures* en public ?

R. : On a fait quelques directs en extérieur, notamment au Festival international du film francophone de Namur, où il y a eu une émission réalisée littéralement sous la table !

H. : Oh mon Dieu, quelle lueur d'effroi, cette émission ! On était en direct sous le chapiteau du Festival, et des inconscients avaient programmé au même moment une rencontre de Bouli Lanners face au public. Avec les baffles à deux mètres de notre studio mobile, c'était la catastrophe, la cacophonie.

R. : Non seulement le son nous assourdit, mais repasse dans le micro et quelque part pirate l'émission ! D'autant qu'on travaille tout le temps avec micros ouverts… À un moment donné, j'ai appuyé sur le *panic button*, j'ai pris le micro et je me suis mis sous la table. La table servait un peu d'isolant comme un bunker sous le bombardement des rires de Bouli. Si on se mettait en dessous de la table, ça allait marcher ! C'est mon côté Mac Gyver.

H. : Moi, j'étais totalement démuni. Je ne savais plus de quoi je parlais. Rudy a sauvé l'émission en la déplaçant… sous la table !

R. : Et Hugues a suivi sans se poser de questions. Nos invités nous ont aussi suivis et ont fait l'interview sous la table. On était avec Stefan Liberski pour parler de son bouquin *Le triomphe de Namur* ce jour-là. Il doit s'en souvenir !

H. : Tout ça pour dire qu'en extérieur, on n'aime pas ça du tout.

R. : *5 Heures* n'est pas une émission spectaculaire. Il s'agit de deux types qui se regardent et qui causent. Pour moi, *5 Heures* renoue avec une tradition radiophonique qui est celle de personnes qui parlent à d'autres personnes. Ça s'écoute de façon individuelle et ça demande beaucoup d'attention. Ce qui explique, je crois, le succès de l'émission en podcast. Beaucoup de gens l'écoutent au casque, en lavant leur voiture, en faisant leur jogging, en prenant leur bain, en faisant la cuisine, la nuit en regardant le plafond… C'est une émission où tu parles à quelqu'un. C'est intimiste. Cela dit, on a une soirée spéciale C.O.D. sur le feu, avec Hugues en tenue de fakir assis en tailleur sur un coussin.

H. : Façon Mister Memory dans *Les 39 marches* de Hitchcock ! En smoking, mais avec un turban.

R. : Ce soir-là, Hugues sera une sorte de « Mentalist » du cinéma. Il faudra des attractions : des jongleurs, des pin-ups. Si on va en extérieur, on doit faire autre chose que *5 Heures*. Si on pense à la RTBF DJ Experience, *La Nuit des Galapiats*,… C'est totalement autre chose.

De mémoire, il y a eu trois ou quatre génériques différents dans l'émission. Instrumental, parodique, parlé au-dessus de la musique ou carrément chanté en Auto-Tune. J'imagine que cette bande me permettra de faire le compte juste.

GÉNÉRIQUES

BANDE N°10

Peut-on dire que *5 Heures*, c'est comme un restaurant avec cuisine ouverte ? On vous voit fristouiller les petits plats qui feront l'émission ?

R. : Quand même pas. Rien que dans un protocole simple à l'antenne, on se vouvoie, alors que dans la vie, on se tutoie. Il y a quand même une mise en condition, un état d'esprit essentiel pour faire *5 Heures*.

H. : On nous demande parfois comment nous faisons pour avoir toujours la pêche pendant l'émission et être d'une humeur égale d'un mercredi à l'autre. Or je peux revenir de deux visions de presse sinistres et Rudy sortir d'un comité de direction difficile avec des soucis plein l'esprit. Je vois ça tout de suite à la tête qu'il tire. C'est une chose qui a fort changé au fil du temps ! Rudy tient la destinée de cette chaîne, c'est un tout autre emploi du temps. Nos deux agendas professionnels ont beaucoup bougé en vingt ans. On arrive souvent lessivé à 16h59, mais dès que le générique de Christian Delagrange retentit, on se transforme et *5 Heures* nous régénère !

Puisqu'on parle de génériques... Il y en a eu plusieurs qui se sont succédé depuis le début de l'émission. Je me souviens de Mièle...

R. : Oui, ça se trouve d'ailleurs sur un CD.

Des compilations dont il y a eu plusieurs volumes à la fin des années 1990.

H. : On peut dire que le générique « Cinécinéma » est né sur antenne. Le « Bonjour Hugues, bonjour Rudy », on l'a juste fait une fois et puis il a été mixé d'après le direct.

R. : Ce qu'on entend n'est pas un truc répété, c'est l'unique prise. *First take* ! Il a juste été un peu nettoyé, avec un *beat* un peu dansant, pour la DJ Experience.

H. : Un auditeur nous a composé un générique qui a servi pendant six mois. Il était bien, mais fatigant.

R. : Le générique de Mièle était un concours pour gagner un enregistreur digital 4 pistes. À l'époque, c'était le top, un bel appareil qui coûtait assez cher. On voulait donc offrir ça à des gens qui en auraient l'usage. Le *deal* était que, pour remporter cet appareil, il fallait composer un générique pour *5 Heures*. Il y a eu pas mal de participants et Mièle a gagné. Ils ont fait leur bonhomme de chemin par après et quelques disques aussi.

Indochine a composé un générique pour l'émission ?

R. : Oui, le générique original réalisé pour *5 Heures* est un inédit de la période d'enregistrement de *Paradize* écrit par Oli de Sat et qui était dans une poubelle. Je me souvenais que The Cure avait fait un instrumental pour l'émission *Les Enfants du Rock* qui est après devenu la chanson *Just Like Heaven*. L'instrumental, c'était *Glory Hole* et je m'en suis servi pendant des années comme générique de *5 Heures*. De temps en temps, on le ressort. Je crois qu'ils l'ont joué une fois en live aux Victoires de la Musique. Certains concerts commençaient avec des extraits du morceau, qui est finalement apparu en piste bonus d'un EP.

H. : Ce qui est marrant, c'est que Rudy fait flèche de tout bois. Lui parle beaucoup plus de ma vie privée que je ne parle de la sienne à l'antenne…

R. : Oui, mais parfois on croit que j'invente. Or, le chien Twiggy existe vraiment.

H. : J'ai vraiment l'impression qu'il m'a créé un personnage d'aristocrate anglophile qui l'amuse beaucoup. J'ai un souvenir extraordinaire pour illustrer ça. J'avais entendu un morceau à la radio, je ne savais pas que c'était Keane. J'appelle Rudy et je le siffle sur son téléphone pour qu'il me dise qui c'est. Et le salaud, le mercredi suivant, passe mon sifflotement qu'il avait mixé avec le morceau original. J'étais dans le bon rythme, mais de là à annoncer Keane *featuring* Hugues Daycz…

R. : C'est comme ton autre tube, Hugues, *Kung Fu is an Art*. Tout est parti de ton interview d'Uma Thurman pour *Kill Bill* de Tarantino, où tu lui lançais : « *Kung Fu is an art. How did you learn the technical moves of Kung Fu ?* » C'était hilarant. Cette phrase a été isolée par Yves Brunson, le technicien qui faisait l'émission. Il l'a remixée avec un titre des Beastie Boys… Et hop ! Le tour était joué! Les Beastie Boys *feat.* Hugues Dayez venait de naître !

H. : On passe les interviews quand c'est intéressant. Il faut que les gens aient de l'envergure. Quand c'est le cas, on peut aussi les prolonger sur le net, en vidéo.

R. : Pour les interviews, je suis très terre à terre, je veux des vedettes.

H. : Dans les interviews, ce qui amuse le plus Rudy en fait, c'est mon introduction classique « *Very pleased to meet you here in London* » !

Puis il faut dire que les interviews sont en version originale. C'est rarissime.

R. : L'anglais, c'est la langue d'Internet, ce sont de courtes interviews et on les contextualise. Ça n'est pas un problème.

Attendez, là avec un titre pareil, je me demande s'il n'y a pas confusion de bandes. Si Hugues et Rudy se mettent à parler de Nostalgie et de Dauphin, c'est que les premières atteintes du mal commencent sur cette bande...

NOSTALGIE, DIEU ET CARA PILS

BANDE N° 11

Rudy, on a l'impression que le passé ne t'intéresse pas beaucoup. Vrai ?

R. : Ce qui est passé est passé, je n'arrive pas à encombrer mon cerveau. Je suis toujours sur la suite. Ce qui m'excite le plus, c'est le prochain projet !

H. : C'est notre différence et notre complémentarité. Moi, j'ai une nostalgie productive. Mes références au passé m'aident à ajouter de la perspective à mes critiques. J'ai une bonne mémoire et je m'en sers. Et en fait, Rudy aussi, mais elle s'active dans l'action de nos conversations à l'antenne.

R. : L'émission continue à fonctionner, parce qu'on a toujours des choses à se dire. On a plus ou moins la même culture générale. On est de la même génération, même si je suis plus vieux de trois ans. On peut donc se relancer sur des tonnes de sujets. Hugues a une approche plus académique. La mienne est plus *trash*.

H. : On a une enfance et un parcours très différents. Rudy est wallon, je suis bruxellois. Rudy est enfant unique, je suis le dernier d'une famille de sept ; j'ai donc grandi avec la culture des aînés. Avec un côté plutôt collège Saint-Pierre. Nos trajets de vie ont été très différents, mais nos sensibilités sont proches. C'est ça qui est intéressant. On se retrouve à travers une complicité de sensibilité et d'approche de l'actualité culturelle.

R. : Tu sais, c'est comme quand on a lancé le pastiche de la publicité radio de Jacques Mercier pour la bière Grimbergen. C'est devenu : « Je vais vous raconter l'histoire de l'abbaye d'Aldi et des moines de la Cara Pils. » Ça, c'est un truc qui s'est construit en direct, en improvisation totale. On a glissé un tapis, mis de la réverb sur la voix, on ne savait pas ce qu'on allait raconter… Mais on se comprend tellement bien avec Hugues, on rebondit sur des idées. C'est de la pure émulation ! Pour ça, il faut avoir une sensibilité proche, sinon la mayonnaise ne prend pas.

Est-ce que vous avez déteint l'un sur l'autre au fil des années ?

H. : Je pense que Rudy m'a révélé à moi-même. Il m'a permis de me lâcher, d'être cash sur antenne, de dire le fond de ma pensée. Et j'ajouterais qu'il a un flair incroyable. Il a toujours un coup d'avance. Rudy m'a souvent fait ressentir ce qui était important, ce qui allait être l'air du temps. Il est beaucoup plus au fait des nouvelles technologies que moi. En fait, Rudy me remet à jour, il me fait des *updates*.

R. : Et la fréquentation de Hugues m'interdit d'être paresseux ! C'est-à-dire qu'il y a une sorte d'exigence pour pouvoir assurer à ses côtés. Je ne peux pas tout à coup me laisser aller, devenir mou. C'est impossible, je pense que dans ce sens, il est un regard et un témoin empli d'une intransigeance, d'une déontologie, n'ayons pas peur des mots.

L'émission cartonne en podcast, non ?

R. : On en était à 1 250 000 podcasts en une saison. C'est le plus gros score de la RTBF.

H. : Ça signifie une moyenne de 40 000 podcasts par émission.

R. : Sur une émission hebdomadaire, qui fait environ 40 numéros par an. On s'arrête douze semaines : vacances scolaires et les mois d'été. Donc, sur une quarantaine de numéros, c'est gigantesque. Lorsque ce chiffre a été révélé, on a eu droit à une interview où le journaliste nous disait qu'on faisait un peu n'importe quoi. Surtout pas ! C'est une couverture, le n'importe quoi. Il y a toujours une déontologie et une intégrité.

Vous ne direz jamais un truc que vous ne pensez pas.

Rudy et Hugues (en chœur) : Non !

H. : Parfois, on est évidemment dans une position difficile. La Belgique est petite, tout le monde se connaît. Quand je me retrouve à critiquer un film comme *Baby Balloon* de Liberski, ça me met mal à l'aise parce que c'est un gars avec qui j'ai bossé dans *L'Empire des médias*, avec lequel j'ai une vraie complicité… Mais je ne peux pas défendre son film. Ce n'est pas catastrophique, l'actrice principale est bien, mais j'ai dit sur antenne que c'était quand même étonnant que Liberski en vienne à faire les films dont il se moquait quand il était dans Les Snuls. J'étais interloqué par ce basculement. Je ne l'ai pas revu depuis, peut-être va-t-il me tirer la gueule, mais je m'en fous. Je préfère dire sur antenne ce que je pense, en me mettant à la place du spectateur.

R. : Moi, j'ai toujours une image en tête. C'est celle de celui qui peut entendre au fond de lui ce qu'on a essayé de dire. Il aura parfois des difficultés à l'admettre et en particulier à l'admettre publiquement, mais je vois toujours l'image de cette personne, seule dans sa voiture, sur l'autoroute, sous la pluie, fixant l'horizon et qui, au fond d'elle-même, sait qu'au bout du compte, au bout du chemin, on avait quand même un tout petit peu raison. Je ne veux pas dire qu'on a raison à tout prix, mais si on doit vraiment faire un examen de conscience parfois, de personnes qui ont fait des mauvais choix, ils finissent toujours par l'admettre. Sur le moment, c'est dur, il faut composer avec son ego.

H. : J'ai eu un échange de mails comme ça, formidable. Je m'étais fritté avec le réalisateur belge Vincent Lannoo, qui me faisait un mauvais procès, comme quoi je parlais plus des films américains parce que j'étais invité à New York dans des *junkets* et pas assez de films de chez nous. Il était très remonté. Et puis des mois plus tard, il m'a dit qu'il écoutait *5 Heures* et qu'il était à 90% d'accord avec moi. Il se retrouvait dans ma sensibilité. Il m'a dit : « Je trouve que tes combats sont des bons combats, donc je dois accepter aussi que tu n'aimes pas forcément mes films, que tu en dénonces les faiblesses. » J'ai trouvé ça très sain et très intelligent. Depuis lors, j'ai dit les qualités de ses films et mes réserves, et Lannoo est venu en invité pour la spéciale « *Euro 5 Heures* ». Comme le dit Rudy, je pense que quelque part, à long terme, l'honnêteté et l'intégrité paient toujours. Sauf si le mec a une statuette à mon effigie et qu'il y plante des épingles. Là, il me détestera jusqu'à la fin des temps. Dans la même logique, ce n'est pas parce que la RTBF est partenaire du film qu'on s'agenouille. On donne notre avis, honnêtement.

R. : Je lisais une interview de Kenny Everett, un grand critique de musique anglais qui a travaillé pour la BBC… Ce mec développait un concept que je peux appliquer à l'émission. En fait, Hugues et moi, on est Dieu. On existe tant que les gens croient en nous ! C'est aussi simple que ça ! Le jour où ils n'y croient plus, le jour où on les a trompés, on n'est plus rien pour les auditeurs et on disparaît si on n'a pas leur confiance et leur foi ! Je dirais que c'est la constance, dans la sincérité du propos, enrobé d'humour, qui permet de faire passer des choses qu'on n'oserait pas dire cash, parce que ce serait trop brutal. Je crois que cette sincérité et cette honnêteté, c'est aussi le fonds de commerce qui fait que l'émission existe, qu'il y a 1 250 000 podcasts par an, que dans un référendum organisé par la Fédération Wallonie-Bruxelles, Hugues arrive comme le critique de cinéma le plus influent avec 42% des suffrages, celui que les gens écoutent. Les distributeurs francophones nous écoutent. Pour eux, ce qui va être dit sur le film, l'occupation d'antenne du film (positive ou négative) est extrêmement importante. C'est un moment qui, pour un certain public, va être déterminant sur le fait d'y aller vite, de ne pas y aller du tout, d'y aller plus tard, avant qu'il ne soit trop tard. On ne donne pas de mots d'ordre ou de consignes, on donne des prescriptions.

H. : Il y a de l'interaction. Il y a des programmateurs qui changent leurs films de salles après le mercredi des critiques.

R. : Après certains mercredis, je sais que sur certains torrents, ça *seed* beaucoup mieux !

H. : Il m'est arrivé un truc marrant un soir récemment. J'allais revoir en salle un film avec ma femme, et une dame se lève dans la salle et vient me tapoter l'épaule : « Monsieur Dayez, je suis très inquiète : je suis ici parce que j'ai écouté votre critique… Et je vous retrouve devant moi dans la salle ! » Je l'ai rassurée : « Ne vous inquiétez pas, je viens *revoir* ce film parce que je l'aime, je ne l'ai pas critiqué à l'aveugle ! » C'est délicieux comme quiproquo.

Ce doit être quelque chose d'emmerdant pour l'un et l'autre de toujours se voir demander votre avis dans vos domaines d'expertise...

H. : Comme Monsieur Météo à qui, dans les cocktails, on demandait toujours « quel temps fera-t-il demain ? »…

R. : Ou le classique : qu'est-ce qu'il y a de bien pour l'instant en musique ?

H. : Ça part d'une bonne intention. Mais ça dépend toujours des goûts des gens !

R. : Il n'y a pas de réponses universelles alors je fais des réponses à tiroirs. Je dis ce que j'aime et je dis ce qui marche du tonnerre. Les gens doivent choisir.

Ça ne vous pèse pas d'être des prescripteurs ?

R. : Ce qui est chouette en radio, c'est de voir que tu as misé sur quelque chose qui devient gros par après. Même au risque que ça t'échappe. Toute ma carrière est basée là-dessus. Je suis un petit jardinier, je plante, j'arrose et une fois que ça a bien poussé, il y a toujours quelqu'un qui arrive et qui cueille ou arrache ! À l'inverse, parfois, on abandonne des artistes qui s'orientent vers des choses qui ne nous plaisent pas. C'est le jeu. Tu pousses les grilles et lorsqu'elles cèdent, tout le monde te piétine. Mais c'est le job et je l'accepte.

H. : J'ai eu la même chose avec les propositions d'interviews à Cannes. Je recevais uniquement des rendez-vous avec les acteurs français et mon collègue flamand de la VRT se voyait octroyer systématiquement les stars anglophones. Non, ça ne va pas. Toute l'année, je bosse un catalogue pas toujours simple, des pousses fragiles. Il y a une question de loyauté sur le long terme. Les gros morceaux doivent aussi nous revenir. C'est logique. Il ne faut pas trahir cette relation de confiance professionnelle. Le calcul cynique à court terme est très agaçant.

R. : Notre job, c'est très clair, est de faire avancer les wagons, la plupart du temps en les poussant, mais de temps en temps, avoir un petit coup de locomotive, c'est pas mal. Surtout si la locomotive nous plaît. Comme notre parcours est long, on a vu des boucles se boucler. Un artiste prend une trajectoire vers le haut, on le perd, il devient *has been*, remonte la pente et revient vers nous ! Parfois, après une lune de miel avec les gros médias, on revient vers nous. Mais la confiance, c'est dur à reconstruire quand il y a eu un coup de griffe.

Qu'est-ce que c'est que ce titre ? Un message codé pour dire que Rudy et Hugues n'ont plus toutes les croûtes de leurs tartines ? Un placement produit pour soudoyer Disney ? Je commence à me demander si tout ça rime à quelque chose... La bande démarre subitement, comme si on prenait la conversation en cours.

LA BOÎTE À TARTINES POCAHONTAS

BANDE N° 12

R. : Pendant toute une époque, on a eu une chouette thema : la boîte à tartines. Tous les films sont prétextes à faire du merchandising. On pensait d'abord aux licences.

H. : La boîte à tartines, c'était du lourd. D'ailleurs, Rudy m'en a offert une de Pocahontas.

R. : En fait, maintenant, on n'en parle même plus tellement c'est évident, mais nous avons assisté à l'émergence du phénomène boîte à tartines. C'étaient des films dont le prétexte économique était le produit dérivé. Le film étant déjà lui-même le support de quelque chose qui le dépassait. On trouvait des licences avec McDonald's, des pots de yaourts, des objets à acheter avant même la sortie en salles.

Ce qui a fini par arriver dans la musique… Le disque n'était plus qu'un prétexte à une tournée, à une sonnerie de smartphone à télécharger…

R. : Oui ! Par exemple, les acteurs des feuilletons sur Disney Channel étaient en même temps des chanteurs ou des chanteuses, signés sur les labels de la maison. Dans ce bouillon de culture, il y a des gens qui ont émergé et sont devenus extrêmement importants et intéressants, je pense à Justin Timberlake ou Ryan Gosling. Par contre, tu as des failles du système, comme Miley Cyrus, Britney Spears ou Christina Aguilera, des ex-égéries de Disney Channel qui ont mal tourné. Pour l'instant, il y en a une qui s'appelle Violetta, on va voir si elle bascule du côté obscur ou non… Bref, pour revenir au concept de la boîte à tartines, ces gens faisaient des films en plus du reste. C'est toute la bande de *High School Musical*, avec Zac Efron et Cie. Efron qui est très bon face à Seth Rogen dans *Bad Neighbours*. Comme quoi, tout est toujours ouvert et possible.

L'écurie Disney a créé un cadre, un modèle standard d'exploitation pour l'industrie du divertissement ? Ce que les Anglo-Saxons appellent les franchises ?

R. : L'idée de faire des franchises avec lesquelles on exploite l'adolescence, c'est le concept majeur de l'industrie ces derniers temps : *Twilight*, *Divergente*, *Hunger Games*, … À côté des héros Marvel bien sûr.

H. : Je me souviens d'une expression corollaire au sujet : l'instrumentalisation du journaliste de cinéma par rapport à ce phénomène du

« film/produit ». Le nombre de fois où l'on me dit : « Tu sais, on a des cadeaux à offrir, on peut faire une opération. » Un mélange de marketing et de journalisme que je n'aime pas trop. Je me souviens d'un jour sur antenne, par rapport à *Pearl Harbour* produit par un spécialiste du blockbuster, Jerry Bruckheimer. Je n'ai pas participé au *junket* pour ce film, mais des collègues m'ont raconté que c'était carrément réception sur un porte-avions en lisière de Hawaï, avec collier de fleurs ! Je te parle d'une époque où il y avait encore beaucoup plus d'argent que maintenant. Or, ce film est une daube insensée, et je vois mes confrères donner 2 étoiles, 3 étoiles. Sur antenne, je me souviens avoir dit que le nombre d'étoiles devait correspondre au nombre d'étoiles de l'hôtel qui les a reçus ! Cette instrumentalisation marketing du journaliste est montée en puissance avec le temps. Il s'agit d'une façon de soudoyer de manière insidieuse. C'est quelque chose à propos de quoi on a toujours aimé ironiser sur antenne.

R. : On essaie d'être logique, par rapport à ça. Sans vouloir dire que *5 Heures* lave plus blanc que blanc, on n'a jamais accepté de concours dans l'émission.

Faux ! Je me souviens qu'on pouvait gagner des sacs de ciment !

R. : Exact ! Je sais d'où venaient ces sacs de ciment. Puisqu'on entendait tout le temps des pubs involontairement farfelues sur antenne, on avait décidé de promouvoir gracieusement un entrepreneur local, pris au hasard. Et pour nous remercier, il nous a envoyé avec beaucoup d'humour deux sacs de ciment. Livrés dans les couloirs de Pure FM.

H. : Tu as aussi parlé sur antenne du service Caddy Home et une responsable de chez Delhaize nous a envoyé de quoi faire le cocktail de James Bond.

R. : On avait parlé du cocktail de James Bond : Vodka - Martini avec olives. Et on a reçu un panier garni !

H. : On a souvent essayé de faire de la fausse publicité clandestine pour Rolex, Aston Martin, mais on n'a jamais rien reçu de ce côté !

R. : Le cinéma *markete* beaucoup, plus que la musique, mais on a toujours refusé les vrais concours dans l'émission *5 Heures*. On n'offre rien dans ce périmètre. Pour revenir à l'*incentive*, où le voyage est plus intéressant que le film, il y a un exemple célèbre d'un journaliste de la presse écrite, à qui l'on propose l'interview d'un chanteur américain complètement inodore, incolore, insipide qui essayait de percer en Europe : Richard Marx. On lui propose une rencontre dans un café sur la Grand'Place de Bruxelles, il refuse en disant que ça n'est pas intéressant. On lui fait une deuxième proposition pour rencontrer le même Richard Marx mais à New York, et le journaliste dit ok ! Go ! Il était connu pour ça. Tu prenais la photo publiée de l'artiste rencontré, tu mesurais la longueur de la diagonale du portrait et tu avais une équation pour deviner le nombre de kilomètres qu'il avait parcourus pour l'interviewer. Ah ah !

C'est donc un phénomène que l'on observe dans vos deux disciplines de prédilection.

R. : Il y a un festival de musiques du monde bien connu, qui dans les années fastes avait l'habitude d'envoyer les journalistes musicaux un long week-end au Cap-Vert, une semaine à Rio, cinq jours en Jamaïque…

On peut dire ça ?

R. : Oui, c'est du journalisme de le raconter et ce n'est plus d'actualité aujourd'hui. L'industrie est fauchée, il n'y a plus cette débauche.

H. : Il y a un truc qui a existé, mais auquel je n'ai jamais été invité, c'est le « *turbo junket* ». Le distributeur américain invitait une sélection de journalistes du monde entier une semaine entière dans un palace à Cancún, au Mexique, pour découvrir un avant-goût des blockbusters de l'été. Les films n'étaient pas prêts, les journalistes ne voyaient que les bandes-annonces. Et faisaient des interviews « à l'aveugle », sur base de ces bandes-annonces, avec des stars du calibre d'Angelina Jolie. Forcément, comme ils n'ont pas vu les films, les risques de poser des questions dérangeantes sont minimes… Mais tout le monde est content : après six jours, les journalistes repartent avec des interviews de stars pour plein de films, et le distributeur a assuré une promo d'enfer pour son catalogue de l'été !

R. : Tu ne peux pas imaginer ce qu'on reçoit… Regarde, voilà une véritable hache de bûcheron, avec le logo du film *Abraham Lincoln, chasseur de vampires*. C'est une vraie, je ne sais pas comment la poste a accepté de transporter ça. C'est une arme !

> Tchac ! Tchac ! Deux bruits sourds me donnent l'impression que Rudy se lance dans une démonstration de bûcheron !

H. : Moi, j'ai déjà reçu, en porte-à-porte de l'attachée de presse, des mallettes entières avec un t-shirt, un carnet de notes, aux couleurs d'un film. Pour moi, c'est un délicieux dialogue de sourds. Il y en a qui ont compris depuis longtemps que ça n'était pas la peine. Mais il y en a d'autres qui croient encore que ça a une influence.

R. : Il y a aussi des attachés de presse qui ne sont pas dupes, mais qui savent que ça fait partie du protocole. Ils donnent les gadgets imaginés par les services du marketing en riant, parce que ça fait partie de leur mission.

C'est parfois marrant. Regarde le coup de la hache !

> Tchac ! Tchac !

R. : Ah oui, c'est fun. Je l'utilise en réunion. Elle est posée à côté de moi, lorsqu'on aborde des points sensibles. Au cas où… Mais revenons au sujet merchandising. Souvent, j'apprends l'arrivée d'un film sur un pot de yaourt. Parce que je vois le personnage au rayon frais d'un grand magasin avant de voir sa tête dans un magazine de cinéma.

H. : Le marketing pousse à l'absurde parfois. Comme la proposition de rencontre fantôme avec George Michael qu'on avait faite à Rudy…

R. : Oui ! Je dois raconter cette histoire que Hugues adore. Je l'ai vu beaucoup de fois en concert, je l'ai rencontré deux fois pour une interview et j'ai un masque George Michael sur mon bureau donc je connais le sujet. Lorsque l'on m'a proposé une troisième rencontre, je l'ai refusée parce que le scénario était le suivant : l'interview avait lieu sur un fond vert, où j'étais seul face au vide et je devais poser des questions auxquelles il avait déjà répondu le matin à un journaliste anglais et puis on m'incrustait, moi et mes questions, dans le tournage du matin. Dingue, non ?

On te proposait d'être figurant de ta propre interview...

R. : Oui. C'est pire que Fidel Castro par PPDA. C'était une interview générique, dans laquelle on allait m'incruster par un passe-passe de *green key*. J'ai dit au représentant de Virgin : « Tu te fous de ma gueule ? » Il m'a répondu : « Oui, mais tu comprends qu'on me l'a imposé, je ne peux pas ne pas te le proposer et ne pas entendre ton refus, que je communiquerai à l'international. » Il était obligé, mais il savait ce que j'allais répondre. *End of the story*.

Le phénomène s'amplifie ?

R. : Je vais laisser Hugues répondre, parce qu'il est toujours actif, moi je ne fais presque plus d'interviews.

H. : Tu avais tout de même fait le *junket* pour Russel Brand.

R. : Je suis un grand fan. Je suis allé voir son one man show ! C'est énorme en live. Brand venait en Hollande pour *Get him to the Greek*, avec Jonah Hill, un acteur phare de tout cet univers « Superbad » qui me plaît tant. L'aubaine ! J'ai pris ma voiture pour aller en Hollande et j'étais sidéré. Les journées promo, c'est devenu l'usine.

H. : Alors que tu as connu Duran Duran pendant 1 heure 30 à la maison !

R. : Oui c'est vrai mais mieux vaut ne pas s'en vanter… Aujourd'hui, il y a deux choses. Primo, la crise des subprimes est passée par là, le business a beaucoup moins d'argent et est donc devenu beaucoup moins généreux dans le barnum. Par contre, nouvelle donne dans l'équation, l'industrie privilégie maintenant les grands pays, les grands territoires, les grands marchés. Et pour la Belgique, vu les deux régimes linguistiques et l'étroitesse du territoire, décrocher quelque chose avec une dimension internationale est tout à fait exceptionnel. Alors les voyages ne sont plus dans cette logique-là.

H. : Il y a un déplacement stratégique. Maintenant, l'enjeu, c'est l'Asie ou l'Amérique du Sud. En Europe, c'est l'Allemagne. La Belgique dans ce contexte de redéploiement obtient de moins en moins. Mon atout majeur, c'est que je suis en télévision et le mot magique, c'est qu'on propose du *one-on-one*, soit une rencontre individuelle de 5 ou 6 minutes avec les acteurs. Mais attention, tu as un *family pack* et ça peut être intéressant ou complètement casse-gueule. Sur un gros *junket*, tu as le réalisateur, le producteur, et trois acteurs. Avec cinq fois 5 minutes, c'est jouable, si tu varies bien tes questions, ça nourrira ton reportage. Mais pour ça il n'y a plus que la télé, car à l'international, la radio n'existe plus ! La BBC ou Radio France, oui, mais c'est un tout autre gabarit. Le seul endroit où toi, petit Belge, tu es sûr d'avoir de l'individuel, c'est la télé. Au niveau des interviews, tout ce qu'on passe dans 5 *Heures*, c'est la copie de sons télévision. Quant à la presse écrite, je ris doucement, parce que quand je vois « interview exclusive », c'est du pipeau complet. C'est une table ronde de vingt-cinq minutes avec une dizaine de journalistes et des sujets qui vont du tout au n'importe quoi. Les questions débiles du genre : *Did you visit already China ? When do you tour Italy ?*

R. : C'est une spécialité de certaines nationalités de tout ramener à son pays. Les Italiens, les Sud-Américains, les Japonais le font…

H. : Je me rappellerai toujours *Valkyrie* de Bryan Singer, avec Tom Cruise : les journalistes étaient invités à New York. Pour la télévision, on avait tous les acteurs qui jouaient les officiers SS, je crois que j'ai fait douze interviews, parfois en paquet, selon la formule consacrée « *talents will be paired* »,… Pour être sûr qu'on ne parle que du film et pas de questions personnelles. Bref. Il y avait un pauvre confrère dont le journal était partenaire, qui devait faire un cahier spécial *Valkyrie* et il avait comme matériel vingt-cinq minutes d'une conférence de presse avec Tom Cruise et quinze généraux, et le meneur de jeu a posé une question à chacun et chacun a dit combien c'était formidable de travailler avec Tom Cruise. Donc, il avait juste deux répliques de quarante secondes de Tom Cruise pour construire son cahier spécial. On se retrouve parfois dans des situations insensées, parce que l'étau se resserre. Il y a moins de sous, les marchés se positionnent différemment, et il y a une tectonique des plaques. Je vois bien que les interviews à Londres ou Paris diminuent. L'obligation, du coup, c'est de réinventer autre chose en radio.

R. : Ah ah ! Comme dans *Notting Hill* avec Julia Roberts et Hugh Grant qui se fait passer pour un journaliste de *Cheval Magazine* ? Il y a deux choses en musique. D'abord, il y a une restauration d'une situation qui est plus intéressante aujourd'hui qu'il y a dix ans. Il y a dix ans, l'industrie du disque était complètement perdue par rapport à Internet, aux réseaux sociaux, à la numérisation du son, aux moyens de communication ultrarapides, dont le *download*, etc. Ils ne comprenaient plus ce qui se passait. En 2004, si tu ne travaillais pas pour un blog, plus personne ne t'accordait d'interview. Les bloggers avaient éclipsé les médias traditionnels. Les managers n'accordaient plus d'interviews qu'à des GSM. Avec un matos professionnel, on te regardait comme quelqu'un de la préhistoire. On devenait fous. Il faut dire que les artistes avaient perdu confiance en l'industrie traditionnelle donc, par effet collatéral, dans les médias traditionnels, partenaires habituels de l'industrie, qu'ils remettaient en question. Ça a été balayé en quatre ou cinq ans et tout s'est restauré assez vite. Une confiance et une hiérarchie se sont remises en place, entre les médias traditionnels et généralistes et la presse « amateur » du web. D'autant que les médias en place se sont mis au web avec leur expertise. On a remis de l'ordre, mais j'ai connu une époque où si tu ne venais pas avec un smartphone en disant que tu travaillais pour un blog, on ne te donnait pas d'interview, tu étais *old school* ! L'industrie ne comprenait plus rien. Ils voulaient jouer la modernité à tout prix ou du moins sa représentation, son illusion. Les intermédiaires voulaient arriver à convaincre les artistes que c'était le bon créneau, que c'était ça l'avenir, leur garantie de pérennité. Ils en sont tous revenus. Évidemment.

H. : Par contre en cinoche, en France, un type qui vient pour *AlloCiné* aura plus de place qu'une télévision nationale étrangère.

R. : Il y a encore dix ans, en radio, le mot d'ordre était : pas de photo. J'ai connu le manager de Björk qui disait « *No digital, no digital !* » Soit pas d'appareils numériques, que des appareils avec un film et un développement et tirage sur papier ! Aujourd'hui, on exige que l'interview radio soit filmée et diffusée en streaming en direct ! Il y a eu un revirement de situation hallucinant. Pour en revenir aux territoires, un truc à ne pas oublier, c'est le problème des sorties qui ne sont plus étalonnées dans le monde, comme elles l'étaient avant, en raison de la parano concernant les fuites et le piratage. Aujourd'hui, un album de Depeche Mode, de Muse, de Coldplay ou de U2 se lance comme la sortie mondiale d'un *James Bond* ou d'un *Hunger Games*. Il y a une conférence de presse officielle dans une grande capitale (Paris, Londres, Berlin ou aux USA) et la sortie est planétaire. Mais ces gens ne peuvent pas se couper en six. À un moment donné, l'artiste (le chanteur ou l'acteur) ne vient plus aux médias dans le pays, c'est le média qui vient à lui. Parce qu'on doit donner le top départ à tout le monde exactement au même moment. Avant, une exploitation de film pouvait se faire avec un décalage de trois ou six mois. Aujourd'hui c'est une seule date *worldwide*.

H. : C'est comme ça que le Festival de Deauville est mort et a dû se repositionner vers le cinéma américain indépendant. Puisque Deauville faisait tout en septembre sur base de tous les blockbusters de l'été qui n'étaient pas encore sortis. Maintenant, les blockbusters de l'été sortent en été en Europe également. Tout a changé.

R. : L'acteur ou le chanteur doit se rendre disponible pour tous les pays au même moment. Forcément, il n'a pas le temps pour tout le monde. On hiérarchise les territoires. Ceux qui sont importants, influents et qui vont toucher le maximum de gens sont forcément les plus privilégiés.

En musique, est-ce que les festivals d'été offrent une possibilité de rattrapage pour des interviews ?

R. : Non. On s'est aperçu que les groupes aujourd'hui tournent de plus en plus, pour gagner leur vie. Avant, quand tu avais un disque, tu avais le concert qui allait avec l'album. Et tu devais attendre trois ans avant de revoir le groupe chez toi. Aujourd'hui, ils reviennent dans les mêmes endroits, avec le même album. Deux fois, trois fois, festival, petite salle, grande salle... dans le même pays. Donc, souvent tu les as déjà rencontrés, il n'y a plus grand-chose à ajouter. Deuxièmement, ils sont épuisés par ce système. On les voit arriver sur les festivals comme des zombies. Ils tournent partout, non stop, ils sont exténués. Ensuite, il y a une pression terrible. C'est quoi un festival, normalement ? C'est un groupe qui vient, se branche sur le même matos que les autres groupes et puis après c'est chacun pour soi et on y va. Aujourd'hui, ce n'est plus ça. Chacun vient avec ses exigences, ses effets pyrotechniques, ses projections, ses figurants, ses effets spéciaux, ses décors,... On a vu Pink arriver dans une grue ou dans un container, je ne sais plus... La pyramide des Daft Punk... Une mise en scène insensée... Il y a une pression terrible, des mises en place ultrasophistiquées sont à faire en quarante minutes. Les équipes techniques sont sous pression maximale. Les équipes américaines sont à l'amende : chaque erreur est déduite de leur salaire. La charge est énorme, tous les jours, tous les soirs. Les artistes sont en compétition entre eux pour qui sera la plus grosse vedette du festival et aura les gros titres de la presse et de Facebook. Les artistes sont stressés, épuisés, l'interview passe au second plan.

Les festivals, ça n'est pas un moment plus cool et plus détendu pour les artistes ?

R. : Ça l'a été. Incroyablement. C'était leur récréation de l'année. J'ai connu des festivals où les musiciens jouaient au football les uns avec les autres, improvisaient des barbecues, buvaient, plaisantaient. Dave Stewart de Eurythmics venait frapper à la vitre du studio en disant : « Y a moyen de faire une interview ? » Il venait demander parce qu'il s'emmerdait dans le backstage. Ce mec était extraordinaire. Tu lui disais : « Je t'ai vu en concert, tu as une belle veste. » Il te répondait : « Je te la donne ! » Puis il te demandait de venir voir le concert. Pour être sûr que tu viennes le voir, il passait te chercher en studio avant de monter sur scène et te plaçait backstage en gardant un œil sur toi pendant tout le show ! C'étaient des jeux, mais après, tu te dis « putain ce mec est génial », il est original, il est attachant, c'est un vrai artiste. Tu avais envie de le défendre bec et ongles pendant dix ans, parce que tu avais un rapport particulier avec lui. Les artistes, les originaux avaient du temps et étaient imprévisibles. Aujourd'hui, ceux qui arrivent pour un premier album sont déjà très formatés et pros, ils ont déjà un discours qui est en train d'installer une carrière. Où est la folie ? Je ne dis pas qu'il n'y en a plus, mais il y en a beaucoup moins. Un de mes plus grands mystères, c'est Michael Hutchence de Inxs. Après une interview un peu disons… qui ressemblait plus à un débat qu'à un question / réponse, le mec de la maison de disques me rappelle en me disant : « Écoute, c'est bizarre… Le manager d'Inxs vient de m'appeler et Michael demande que le type de la radio belge à qui il a parlé le rappelle à ce numéro… Et comme tu es la seule radio qu'on a fait, c'est forcément toi ! » Je n'ai jamais vraiment rappelé. Quelques mois après, il était mort dans les conditions sordides que l'on sait. C'était un samedi. J'ai commenté sa mort sur antenne. J'ai pleuré en dehors des micros. J'ai pleuré pour Gainsbourg, pour Kurt Cobain mais jamais autant que pour Michael Hutchence. Depuis, sa fille Tiger Lily a été adoptée par Bob Geldof dont la demi-sœur, Peaches, est morte comme sa mère, Paula Yates et compagne de Hutchence, d'une overdose… C'est comme une malédiction…

Une sorte de carte postale, sans doute. Les émissions depuis Cannes ont toujours un parfum particulier. C'est le barnum cinéma de l'année et Dayez est aux premières loges, à défaut d'être de tous les cocktails. Écoutons voir ces échos de la Croisette...

EN DIRECT DE LA CABINE TÉLÉPHONIQUE DU FESTIVAL DE CANNES

BANDE N° 13

Hugues, tu voulais nous parler de tes souvenirs du Festival de Cannes ?

> **H. :** Il faudra faire un tri…

Comment est née l'idée que tu étais dans une cabine téléphonique, avec des pièces de monnaie pour assurer la communication avec Rudy dans *5 Heures* ?

> **H. :** Ce n'est pas une mise en scène. Le premier direct dans *5 Heures*, j'étais vraiment dans le sous-sol du Palais des Festivals, dans une cabine téléphonique ! Bon, j'avais une carte et pas des pièces, c'était un poil moins héroïque. Je pense qu'il faut expliquer comment se passe la logistique d'une journée au Festival de Cannes, car c'est assez démentiel. À partir du moment où tu travailles, comme c'est mon cas, dans le « *hot news* », tu le vis de manière extrêmement intense, dans le *rush* permanent… Pour légitimer une équipe télé à Cannes, avec un monteur sur place, je dois faire en sorte que tout le monde bosse !

> **R. :** Légitimer, je traduis, c'est justifier les dépenses ! Ahaah !

> **H. :** Les défraiements sont énormes. L'hôtel coûte la peau des fesses. N'importe quel hôtel passe à 300 € la nuit en tarif festival.

Je l'entends souffler…

L'horaire est serré ?

> **H. :** Oui ! À un point inimaginable pour le grand public. Il y a grosso modo deux films en compétition qui sont montrés par jour. Pour la presse, le premier est montré la veille au soir, le second le lendemain matin à 8h30 tapantes. Ma journée débute donc vers 6h45 pour espérer être à 7h45 dans la salle et avoir une place un peu correcte, pas le nez sur l'écran. On sort de cette première vision vers 10h30. Là, c'est la cohue pour la conférence de presse de ce film-là, qui se déroule entre 11h et midi. Vers 12h30, débute la conférence de presse du deuxième film montré la veille au soir. Ça signifie que je sors de cette conférence de presse à 13h30 et là je dois réfléchir à l'enregistrement de mon « face caméra », ma présentation pour le journal télévisé, en fonction de tout ce que j'ai vu et qui s'est dit. On a trente minutes pour trouver un endroit qui soit à la fois carte postale et praticable au niveau du son et de la lumière, car on change de lieu tous les jours, pour ne pas lasser les téléspectateurs. Je mets en boîte

ces « *in situ* » pour les journaux télévisés de 19h30 et de 13h le lendemain. Vers 14h30, on s'arrête le temps d'un pain bagnat tarif festival.

Donc un lunch à quinze euros ?

H. : Pas loin malgré la vieille feuille de salade ! Je remonte à l'hôtel vers 15h rejoindre le monteur, dont la chambre a été transformée en cellule de montage. On a deux heures pour visionner la matière engrangée – les conférences de presse, mes présentations, les extraits des films, les images d'ambiance – et pour tout résumer dans un reportage de deux minutes, avec commentaires et doublages des intervenants anglo-saxons aux conférences. Ensuite, à 17h45, je change de chambre, je vais dans celle de l'ingénieur du son radio pour intervenir en direct dans la tranche info de La Première. Le mercredi, je suis dans *5 Heures* avec Rudy. Le soir, je suis au palais pour voir le film en compétition. À 22h, retour à l'hôtel pour les montages en télévision du JT de 13 heures du lendemain, et en radio du reportage pour le Journal parlé de 8h.

C'est un horaire de zinzin. Aucun spectateur ne s'imagine cela !

H. : Personne ! Même certains de mes confrères, qui connaissent pourtant le métier, me souhaitent : « Bon amusement ! » comme si je partais en vacances au soleil, c'est très agaçant. C'est pour ça que c'est intéressant de l'expliquer. Le seul problème de cette cadence infernale, c'est que tu n'as pas le droit à l'erreur. Chacun doit savoir ce qu'il fait.

Vous travaillez avec une grande équipe ?

H. : Pour m'assister, il y a une scripte, un caméraman, un monteur télé et un preneur de son radio.

R. : Qui te coiffe et te maquille, alors ?

H. : Le caméraman a une petite bombe de laque pour plaquer mes épis s'il y a un petit coup de vent !

Tout ceci nécessite une organisation très stricte ?

H. : Oh oui. Chaque soir, avec la scripte, on établit notre programme, car les accréditations ne sont pas systématiquement réservées. La scripte gère tous ces rendez-vous, c'est l'assistante de production. On sait que l'on rate de toute façon toujours des choses, mais il faut réduire la fenêtre au maximum. Pour assurer ma présence dans *5 Heures*, je dois avoir bien calculé mon coup ! C'est plus difficile de se faire une bulle d'esprit *5 Heures* dans ce contexte-là, mais en même temps, c'est intéressant parce que c'est le seul endroit où je peux raconter le dessous des cartes.

R. : Heureusement, Hugues, il y a des gens qui ont trouvé la solution à tous tes problèmes : Abel Ferrara, Jean-Luc Godard,… Directement en V.O.D., tu peux rester à la maison, les regarder de chez toi. Interview ? Par Skype. Voilà ! C'est plus économique, Hugues, c'est la solution à tous tes ennuis. Après le « *Direct to DVD* », ils ont inventé le « *Direct to Nowhere* » !

H. : Ah ah ! Il faut savoir qu'à Cannes, il y a de temps en temps des films sacrifiés, lorsque le Festival organise une vision unique pour les films dits « fragiles ».

R. : J'adore les films fragiles !

H. : C'était le cas de la Palme d'or 2014, le film turc de trois heures et quart, *Winter Sleep* : une seule projo à 15h, débrouillez-vous ! Mais c'est intéressant ce que dit Rudy sur la destination des films car il y a des longs métrages dont tu te demandes si leur raison d'être n'est pas vaguement de faire un buzz lors d'un festival. L'exemple du dernier Godard, une fumisterie, montré dans une salle comble de 2000 places à Cannes et qui a dû faire 132 entrées la première semaine à Paris est une illustration parfaite de ce mécanisme. Ferrara a atteint les 100 000 téléchargements légaux pour son film sur DSK. C'est plus que ce qu'il n'aurait fait en salles.

Si je comprends bien, cent mille *Video on Demand* ne valent pas cent mille spectateurs ?

R. : Sur une V.O.D. il y a plusieurs spectateurs. Entre 3 et 5.

Bon, revenons-en à cette fameuse cabine téléphonique…

H. : Quand j'ai fait *5 Heures* depuis une cabine, je faisais une interview courte, vingt minutes. Je n'étais qu'en radio, sans technicien. C'était artisanal et héroïque. Entre deux conférences de presse, j'avais repéré une cabine bien calme et j'allais téléphoner à Rudy sur antenne. J'étais debout dans une cabine, près d'une entrée de service, avec des types qui passaient avec des chariots de matériel juste derrière moi.

R. : On faisait croire que des gens frappaient à la vitre pour téléphoner à leur tour.

H. : Ma présence cannoise était un peu bordélique, faute de moyens ! On a imaginé un moment que Rudy fasse le voyage…

R. : Tout ce bazar me passionne, mais de là à y aller… Quoique… Une année, j'ai réussi à capter la chaîne satellite de télévision en boucle du Festival de Cannes et j'ai suivi in extenso toutes les conférences de presse de chez moi. La réalisation était sommaire, mais il y avait du contenu intéressant. Enfin, ce qui était consternant, c'est qu'à la fin des conférences de presse, les journalistes se précipitaient pour avoir des autographes des acteurs et des réalisateurs !

H. : Question de mentalité ! J'ai déjà couvert le Festival de Londres, qui n'est pas compétitif. C'est une merveille : les journalistes attendent patiemment, les conférences de presse sont extrêmement policées. À la fin, l'équipe quitte la salle, sous les applaudissements. Ce n'est qu'après le départ de l'équipe du film que les journalistes peuvent se lever et partir à leur tour. Pas d'émeutes, on est bien loin de la cour des miracles avec sa chasse aux signatures et aux *selfies*.

Le phénomène des « journalistes groupies » s'est-il amplifié ?

H. : Le classique dans le domaine, c'était à Venise il y a quelques années, lorsqu'une journaliste a demandé à George Clooney s'il voulait l'épouser. Bon, soyons clairs, ces gens-là ne font pas de journalisme cinéma, ils font des moments télé, des happenings… Du buzz… Ça se généralise de plus en plus. On pourrait parler des *junkets* avec les grosses p.. `Hmm, une grosse quinte de toux rend la bande inaudible` russes… Le contrechamp de l'interview est plus important que le champ ! Je me souviens d'une journaliste chinoise qui avait demandé au regretté Robin Williams lors de la promo de *Happy Feet* : « *Can you sing me a little song ?* » Ce sont des questions affligeantes, mais puisqu'il s'agit de territoires importants en termes de spectateurs, ça passe, sous la pression du marché. Finalement, c'est un peu ce que montrait Sofia Coppola dans *Lost in Translation*, lorsque Bill Murray se rend dans un talk-show japonais parfaitement débile. Tu as des filles comme ça qui font des *in situ* à Cannes avec un micro sur lequel est attaché un gros panda ou un Hello Kitty.

R. : Aujourd'hui, tu vois des acteurs qui se prêtent à des trucs hallucinants pour vendre un film. Tu sens qu'en gros, ils n'ont pas trop le choix : c'est comme ça que ça marche. J'ai vu Robert Downey Jr., dont on pense ce que l'on veut, moi je l'aime depuis toujours, et qui est aujourd'hui l'acteur le mieux payé d'Hollywood. Il est en tournée promo pour *Iron Man 3* en Corée dans un centre commercial style City 2 ou MediaRive. L'hôte de cette promo ne lui demande qu'une chose : danser le « Gangnam Style » devant la foule. Il vend le film en faisant le pitre. On imagine que le territoire est tellement important qu'il serait prêt à faire la toupie par terre pour vendre *Iron Man* en Corée.

Le message n'est plus important. Ce qui importe, c'est l'occupation de terrain ?

H. : Absolument !

R. : Déjà, quand le journaliste a la chance d'approcher la vedette, c'est un top privilège. Il ne faudrait pas par-dessus le marché qu'il incommode la star ou gâche le plaisir de la rencontre avec des questions embêtantes…

H. : Pour les *junkets*, je constate que plus tu vas loin, plus les interviews sont courtes. Los Angeles c'est trois minutes, New York c'est quatre minutes, Londres c'est six minutes, Paris sept minutes. Dans cette durée impartie, tu détectes vite les grands professionnels : les personnes qui s'impliquent comme dans un direct du JT, pour que toutes les réponses soient utilisables. À côté de ça, il y a les acteurs qui se foutent du contenu, soit par ennui, soit parce qu'ils sont de parfaits crétins. La marge de manœuvre est réduite. Quand tu arrives avec des questions strictement de cinéma, les acteurs sont presque surpris et heureux de pouvoir parler de leur métier… Enfin ! Récemment, j'interviewais Tommy Lee Jones et Hilary Swank en leur parlant de l'alchimie de leur prestation dans *The Homesman*. Alors qu'il a l'habitude de répondre en 25 secondes, l'œil de Tommy Lee Jones s'allume et il part dans un monologue de trois minutes sur sa méthode de travail, sur les répétitions,… Quand on parle du métier, il y a encore un espoir d'entendre des choses intéressantes.

Certains acteurs restent réceptifs à l'exercice de l'interview ?

H. : Oui. Cate Blanchett est un bon exemple. Lorsqu'elle a accepté le rôle d'une générale de l'armée russe dans *Indiana Jones et le Royaume* *du crâne de cristal*, elle a fait le voyage pour la première mondiale à Cannes et a défendu très simplement son choix comme une récréation entre deux projets plus sérieux. L'après-midi, lors d'un cocktail organisé par la production, elle discutait de façon informelle avec les journalistes. Je la remercie de se prêter au jeu de la succession d'interviews en lui disant : « Je me doute que ce n'est pas confortable pour vous, mais ce n'est pas facile pour nous non plus, les journalistes. » Elle m'a répondu avec un sourire : « Vous avez raison, c'est un peu comme du *speed dating*, pas vrai ? » La comparaison est amusante et juste. C'est un moment où le contact passe ou ne passe pas du tout. En attendant, c'est le seul endroit où le journaliste dirige encore les interviews, parce que les interviews pour la presse écrite sont en réalité des mini-conférences, des tables rondes à huit ou douze personnes.

R. : Aujourd'hui, nous sommes dans un système qui veut que la seule façon de sortir du lot dans des interviews qui sont compressées et formatées, c'est de créer un buzz artificiel pour sortir de la masse en trois minutes. Il faut qu'il se passe quelque chose qui n'est pas prévu. Ça peut parfois venir de la fatigue de l'acteur. Il y a l'exemple terrible de Mila Kunis en promo pour *Le Monde fantastique d'Oz* qui a retourné l'interview sur le journaliste radio qui faisait ses débuts et qui était incapable de maîtriser l'entretien. Au lieu de répondre, l'actrice s'est amusée à poser les questions au néophyte ! La vidéo a bien sûr fait le tour du web, mais le journaliste n'a rien ramené en termes de contenu ! En même temps, c'était très mignon et spontané. Et rentable : 13 millions de vues sur YouTube.

H. : Je me souviens d'un confrère de la VRT (Erik Van Looy) qui avait demandé à Catherine Zeta-Jones, épouse de Michael Douglas, pourquoi elle aimait les vieux. Tout ça pour faire un buzz... En fait, c'est l'idée de Raphaël Mezrahi mais appliquée au véritable journalisme ! Si on veut durer dans le métier, c'est une tactique qui ne peut être qu'éphémère ! Soit un buzz Internet ou un suicide professionnel.

Tout ça me rappelle la fois où vous aviez évoqué la presse à scandales qui annonçait la mort prochaine de Michael Douglas, frappé par un cancer. Vous l'aviez imaginé en train de promener son chien et de tomber nez à nez avec la presse qui annonce son décès...

H. : C'était un truc vécu ! J'étais à New York pour un *junket* et la presse gratuite avait mis en première page une photo de lui livide et amaigri avec une casquette et le commentaire « Plus qu'un mois ? »

R. : Oui, c'est *News of the World*… Les *gossips* disaient qu'il avait attrapé un cancer de la gorge, parce que *sex addict* avéré, il avait fini par contracter un virus vénérien à force de sexe oral multiple !

H. : Pauvre Michael Douglas ! À la conférence de presse du *biopic* sur Liberace, *Behind the Candelabra*, il a remercié Steven Soderbergh de l'avoir attendu et au moment d'évoquer son cancer, il a détourné le micro pour ne pas éclater en sanglots. C'était très touchant.

L'émotion peut parfois prendre le dessus sur le ronron de la promo ?

H. : Heureusement oui ! Quand Bennett Miller a évoqué Philip Seymour Hoffman au dernier Festival de Cannes, il s'est pris la tête dans les mains et n'a plus pu continuer. Il y a de l'humain. C'est le genre de moment qui prend tout son sens en radio ou en télévision. On vit quelque chose, on ne le raconte pas. Quand on passe de longs morceaux d'interviews dans *5 Heures*, ce n'est pas toujours pour le contenu, mais plutôt pour le climat de la rencontre.

Comment vivez-vous Cannes, ce seul moment de l'année où vous faites l'émission sans vous voir ?

R. : C'est un peu compliqué, parce qu'effectivement, on ne se voit pas. Mais je pense qu'on est arrivés à une mécanique intuitive où on ne se marche plus trop sur les pieds. L'émission est ramassée sur une heure, car, Hugues l'a expliqué, il a un emploi du temps de ministre à Cannes. C'est un peu frustrant pour moi, car j'ai bien entendu envie de parler de tous les à-côtés et de la *night life* alors que Hugues ne va à aucune soirée, à aucun cocktail… C'est misérable. Ahahahah !

H. : Rudy en sait souvent beaucoup plus que moi qui suis le nez dans le guidon car il lit la presse et regarde les émissions en direct du Festival avec tout le off.

R. : Les seuls cocktails cannois où Hugues se rend, ce sont des trucs minables avec des chips, des canettes et des saucisses Zwan fourrées au ketchup.

H. : Quand j'ai dit à Rudy que Ken Loach avait la Palme d'or, il a imaginé qu'il allait fêter cette grande nouvelle avec un paquet complet de Tuc et des Bi-Fi ! Les chips de l'oncle Ken.

Pourquoi le Festival de Cannes a-t-il tant d'importance dans le contenu de *5 Heures* alors qu'il ne représente que deux émissions sur les quarante de la saison ?

R. : C'est LE moment cinéma de l'année à épingler ! C'est formidable d'avoir quelqu'un dans la place qui puisse restituer l'ambiance générale. Quand le dernier film de Michel Hazanavicius, *The Search* a été sifflé à Cannes, c'est Hugues qui le premier en a fait écho. La presse française a attendu deux ou trois jours pour parler d'un accueil « tiède ».

H. : C'est vrai que les médias français sont très fiers, et à juste titre, de ce festival, qui est le plus grand du monde. Cependant, ils ont parfois tendance à être un peu trop complices. Je n'irais pas jusqu'à parler de délit d'initiés, mais bon…

R. : Hugues est moins convenu. Ce n'est pas un journaliste embarqué.

H. : Il faut savoir qu'il y a deux revues professionnelles importantes : *Le film français* et *Screen*. Chacune fait un tableau d'étoiles des critiques. Dès qu'un film français apparaît en compétition, il récolte une pluie d'étoiles dans *Le film français*, alors que dans *Screen*, qui récolte les avis de critiques du monde entier, c'est nettement moins fréquent. Il y a un réflexe protectionniste dans la critique française. Ils veulent occuper le terrain, parfois sans discernement.

La retranscription de cette bande risque d'être amusante, avec des révélations en off à foison. S'ils se sentaient menacés d'une manière ou d'une autre, Hugues et Rudy ont dû livrer un maximum de dossiers chauds...

CE QU'ON SE DIT PENDANT LA PUB

BANDE N° 14

R. : Quand tu reçois des artistes en direct à la radio, le contact ne se passe pas forcément pendant l'émission. Pendant ce moment secret, quand les micros sont fermés le temps du disque, que se passe-t-il ? C'est à ce moment qu'on peut installer ou rater un climat propice. Le off est utile, parce qu'au moment où tu rallumes le micro, l'interview prend une autre tournure selon ce qu'on s'est dit ou pas hors antenne. Il y a des complicités qui naissent en 3 minutes 30 secondes chrono.

Tu as des anecdotes par rapport à ça ?

R. : Plein ! Ne fût-ce que faire sentir aux gens qu'ils ne vont pas tomber sur une interview convenue. La grande majorité du temps, ils ont été prévenus par leur entourage. Pour les Français, ils connaissent et se préparent… Les gars de Cassius m'ont chambré dès le départ en arrivant : « Toi, tu ne vas pas nous énerver comme les autres, OK ? »… Sur le même ton, je réponds : « Oh les mecs, c'est moi qui gère, OK ? Alors, Zdar tu te mets là, OK ? et Boom Bass, tu prends le micro bleu, OK ? Et vous parlez quand je vous le dis, OK ? » On éclate de rire. L'émission commence, le contact est établi. Moby était un grand spécialiste pour renverser les rôles et poser plein de questions en off : « Tu aimes bien ce que tu fais ? C'est bien payé ? On t'a forcé à m'inviter ou bien c'est ton choix ? C'est qui ton groupe préféré ? T'as une copine ?... »

H. : Tu l'as clairement fait lorsqu'on a reçu Dany Boon…

C'est chez vous qu'il a décidé d'aller en pyjama ou en jogging à la cérémonie des Césars ?

R. : On le suppose, parce que pendant l'interview on discutait sur le fait qu'il refusait d'aller aux Césars parce qu'il n'existait pas de catégorie Comédie. Il voulait que cette catégorie soit créée, de façon à faire valoir le droit à la comédie d'exister comme genre à part entière.

H. : Et Rudy lui a dit que pour critiquer le truc, il vaut toujours mieux le faire de l'intérieur…

R. : Très exactement, je lui ai dit : « Quand on veut détourner un avion, il faut d'abord monter dedans. » Je crois que ça l'a turlupiné, parce que quelques jours après, sur Europe 1, il a dit qu'il avait changé d'avis suite à une visite en Belgique. Et de fait, il est arrivé le samedi soir aux Césars avec un dessus de smoking et un dessous de pyjama. Super idée, super trouvaille ! Énorme. J'y suis, j'y suis pas.

H. : On a reçu Guillaume Gallienne pendant le Festival de Namur, et une connexion s'est faite...

R. : Si je peux me permettre, en fin d'interview Galienne m'a dit : « Bon allez, on s'embrasse ! » alors qu'il a serré la main à Hugues… Ahahaha !

H. : Il y a un profil de gens avec qui ça se passe bien. J'ai des souvenirs formidables avec des artistes réputés difficiles comme Jean-Pierre Bacri, Fabrice Luchini… Des gens qui peuvent être infects ou très généreux, sans entre deux. Selon qu'ils sentent ou pas l'interlocuteur.

R. : La meilleure façon d'obtenir cette connexion, c'est de ne pas la chercher. Vouloir faire copain, ça braque ! La recherche d'une complicité empêche l'intimité.

H. : J'essaie d'avoir toujours une attitude très britannique, très retenue… C'est plus dans l'écoute, dans le regard que se trouve la complicité. Tout est dans le contact.

R. : À l'inverse, il y a les gros sabots. Quand Laurent Delahousse interviewe Robert Redford au JT de France 2 et sort un poster des *Hommes du président* en lui disant que c'était l'image qu'il avait mise au-dessus de son lit d'adolescent et que sa vocation de journaliste vient de là... Redford ne peut que le regarder en se disant « *what the fuck ?* »… Bide total et malaise pour tout le monde.

Un contre-exemple en musique ?

R. : Tu te souviens de Rythmes Digitales ? Jacques Lu Cont alias Stuart Price, génial producteur aux cheveux rouges qui a bossé notamment avec Madonna ou Duran Duran. J'aimais bien son boulot, je l'interviewais dès que possible. Un jour, il vient en studio pour la énième fois. Je voulais renouveler le genre, alors je m'étais teint les cheveux en rouge, comme lui, rien que pour cette émission. Pendant toute l'interview, il est mort de rire et en face, je gardais mon sérieux en lui demandant s'il y avait un problème. À l'époque, il n'y a pas de PureVision, l'auditeur ne voit rien, ne comprend pas ce qui se passe et ça, l'invité le sait. Tu vois, ce sont des mécaniques pour créer une complicité et amuser ton interlocuteur en étant un peu créatif. Je revois aussi Moby qui faisait le tour du studio en humant l'air puis me demandait : «Ici, il y a du hard rock parfois ? » Oui, le soir, Rock à Gogo, avec Pompon ! « Je sens ça ! Ça sent le hard rock ! » me répondait-il ! Pour revenir à la musique et au temps de disponibilité des gens, à une époque où on me proposait des interviews d'une demi-heure ou d'une heure. C'était le minimum. D'abord, il faut dire que la musique est un genre plus individuel par rapport aux collectifs du cinéma. Quand un groupe vient, il sait qu'il va parler de sa carrière et de son actualité, c'est plus artisanal. À chaque fois, les gens capitalisent sur leur devenir et sauvent leur peau. Pour ça, ils ont le temps.

H. : Ce n'est pas le cas dans le cinéma, où un acteur qui vient de faire un four est déjà dans la promo du projet suivant !

R. : En musique, les gens sont plus généreux de leur temps, parce que c'est un investissement sur leur carrière, leur trajectoire. Ils ne parlent que d'eux. *Me Myself and I*. Dans un film, c'est beaucoup plus en étoile. Dans la musique, c'est un continuum dans la trajectoire.

H. : Dans le cinéma, les médias mettent en avant les acteurs, qui ne sont « que » des prestataires de service. Il est évident que celui qui est intéressant prioritairement, c'est le réalisateur. Mais dans l'espace médiatique, il y a la place pour dix ou quinze réalisateurs vedettes, et grosso modo toujours les mêmes. Le discours finit par s'appauvrir. Pour un Spielberg en interview, on a vingt duos d'acteurs de comédies romantiques. Si on prend *Quatre mariages et un enterrement* ou *About Time*, il est évident que le cerveau derrière, c'est Richard Curtis que tu ne verras jamais au journal de 20h ! Alors que c'est mille fois plus intéressant d'interviewer Curtis que Hugh Grant ou Rachel McAdams qui sont pourtant des gens charmants…

R. : Si tu prends ce type d'angle, l'industrie du disque se méfie également. On m'a un jour proposé une interview du groupe A-ha. Je dis ok, mais pas avec le chanteur, Morten Harket, je voulais le compositeur et auteur de leurs hits : Pal Waaktaar. Gros yeux et grosses discussions avec la maison de disques, échanges avec l'international, on me trouve bizarre, curieux, suspect. J'ai finalement le feu vert à condition d'accepter d'avoir un œil de Moscou venu de Londres, pour vérifier que je ne suis pas un journaliste machiavélique. Au fil de l'interview, je comprends que ce type, prisonnier d'une image de groupe à minettes, n'a peut-être pas pu exprimer les choses sombres qu'il avait en lui et qu'on peut lire en sous-titre des chansons de A-ha dont les textes ressemblent parfois à du Robert Smith. En conclusion, il me sort cette phrase terrible : « Tu sais, l'argent anesthésie toutes les frustrations. » Je suppose que c'est pour qu'il ne dise pas quelque chose comme ça qu'une main de l'international devait être dans les parages. Loupé. On s'est quitté d'un regard franc et d'une poignée de main sincère.

H. : C'est terrible et magnifique comme phrase.

R. : Toujours à propos des angles différents des interviews, je pense à Robert Smith et The Cure justement. Comme j'avais déjà très souvent interviewé Robert Smith, je demande à parler au bassiste Simon Gallup, qui est un membre fondateur et qui a donc un point de vue intéressant à explorer. La maison de disques s'étonne, ne comprend pas mais finit par me dire ok, mais uniquement avec Robert Smith. En fait, il ne s'agissait pas de contrôle sur l'interview, mais le problème était que Simon Gallup est bègue et a l'accent du Surrey ! Il était incompréhensible, Robert Smith était juste là pour traduire !

L'industrie n'est pas toujours dans le machiavélisme ou la méchanceté…

H. : Mais elle est parfois cynique ! Pour revenir à un exemple connu, c'est-à-dire Benoît Poelvoorde, il y a des jours où il n'est pas en état de faire des interviews et les attachés de presse l'envoient tout de même au casse-pipe. À un moment, il faut respecter les personnes et leurs faiblesses passagères.

R. : Il y a un exemple proche, avec Johnny Hallyday et Fabrice Luchini en interview pour *Jean-Philippe* sur France 3. Johnny était ivre mort, et Luchini a pris sa défense pour arrêter l'interview et protéger Johnny.

H. : Souvent, c'est plus la promo que les tournages qui usent les artistes. Chaque quart d'heure doit être rentabilisé pour la publicité du film. L'absence d'éthique est ahurissante. On bourre le planning comme on remplit un caddie. C'est ridicule.

R. : Ça me rappelle une histoire… Pour les médias du monde plus éloignés, la solution de facilité, c'est le fameux « *phoner* », donc l'interview par téléphone. J'avais discuté un jour avec un responsable de projet à Londres qui s'occupait du come-back de New Order, alors que les membres du groupe se détestaient copieusement. Le marché asiatique était extrêmement important pour eux, il y avait des interviews-clés à faire avec le Japon. Et le type m'a dit : « Ils se détestent et c'est moi qui les ai faites, puisque je connais mieux la fabrication de l'album que le groupe lui-même… » Il avait tout pris en charge et vendu l'album aux médias japonais en se faisant passer pour Barney Sumner ou Peter Hook. Quel magnifique tour de passe-passe. Aujourd'hui avec Skype, ce serait forcément un peu plus difficile.

H. : C'est très drôle toutes ces anecdotes, mais ce qui est terrible c'est la bêtise ! Pourquoi est-on dans un tel cynisme ? Parce que tout le monde a peur, tout le monde est pressé comme un citron. C'est « je te tiens, tu me tiens par la barbichette ».

R. : On devrait faire une photo comme ça !

> Silence pendant quelques secondes. Des pas, un bruit d'appareil photo. D'autres pas. La conversation reprend.

H. : Un distributeur de cinéma m'a raconté qu'il négociait maintenant un petit délai de sortie en Belgique et qu'il attendait les chiffres en France, c'est une manière de ne pas céder à la surenchère du fameux « film - événement ».

Désormais, les projections statistiques permettent d'évaluer la carrière du film après la première séance…

H. : C'est vrai. C'est une loi statistique. Il y a parfois un intense lobbying pour nous refourguer des films calamiteux. On est obligé, comme le capitaine Haddock face au professeur Tournesol qui lui propose son sous-marin dans *Le trésor de Rackham Le Rouge*, d'écrire en grand à la craie sur le mur : « Votre appareil ne nous intéresse pas ! »

R. : Avec aussi la faiblesse du marché et du territoire à prendre en compte. C'est difficile de pouvoir tenir un discours clair, ferme et définitif, alors que ton poids sur le marché est négligeable. Il peut y avoir d'âpres négociations ou du marchandage. En musique, j'ai observé le renversement du rapport de force. Dans les années 1980 ou 1990, les patrons, c'étaient les artistes. Ils décidaient parce qu'ils faisaient le chiffre d'affaires. Ils étaient le moteur et le carburant. Et les gens de la maison de disques s'écrasaient devant leurs désidératas, même s'ils dépassaient la commune mesure. Aujourd'hui, tu vois des jeunes musiciens qui arrivent et qui n'ont rien à dire. C'est la maison de disques qui est à la manœuvre. Le rapport employeur – employé est totalement renversé. Auparavant, toute la boîte savait que c'était sur l'inspiration, la créativité, le potentiel de popularité d'un artiste que le chiffre d'affaires se faisait. Maintenant, l'employé c'est l'artiste.

H. : Il y a le règne de la peur. En cinéma, on signe un chèque en blanc à quiconque a fait un succès, de peur qu'il parte à la concurrence. Ça donne des catastrophes industrielles comme *100% cachemire* de Valérie Lemercier. Un exemple incroyable, puisque le film a fait un tel bide que Lemercier est repartie en tournée promo pour vendre le DVD d'une version « retricotée », c'est-à-dire remontée en avouant que sa version cinéma n'était pas la meilleure !

R. : Oui, c'est hallucinant. Elle s'est défendue en disant qu'elle avait été un peu trop vite au montage, à cause de la fatigue, d'un manque de sommeil. C'est le cas ultime et incroyable du deuxième tour de charrette promotionnel. Valérie Lemercier vient elle-même en plateau télé faire son autocritique de la version salle et dire que la bonne version est celle du DVD. Elle va au charbon et à la mine !

H. : Le truc avait coûté tellement cher qu'il fallait, autant que faire se peut, limiter la casse…

BANDE N° 15

J'AI MAL À MON AUTEUR

Là, on devrait se trouver dans le vif du sujet de la prétention prétentieuse ! En catégorie poids lourds, certainement. Je sors mon bloc-notes pour compter les points !

R. : Hugues me disait récemment qu'il était primordial d'être présent dans une fenêtre d'information comme le journal télévisé. Ce sont encore les derniers grands directs fédérateurs. C'est une tribune qui devient exceptionnelle à la fois pour le public et pour l'industrie. Ça reste un moment de référence. Mais en même temps, je constate qu'il y a une vraie hiérarchie entre les objets culturels. Quelqu'un qui sort un bouquin est accueilli volontiers pour parler de son livre, on ne considère pas que c'est un produit commercial. Par contre, un artiste qui fait de la musique va très rarement être accueilli pour son disque, mais plus volontiers pour son concert. Comme si le disque n'était qu'un objet de commerce et le concert, l'acte artistique vivant et donc le moment culturel. Le cinéma est un peu entre les deux. On accepte le fait qu'il s'agit d'un septième art, mais qui est en même temps objet commercial industriel.

H. : C'est pour ça que dans le traitement médiatique, on distingue très fort le cinéma et le DVD / BluRay. Quand il y a un objet à vendre, ça coince. Ça me rappelle la phrase lue dans les mémoires de Groucho Marx : « C'est insensé, ces critiques qui disent que notre spectacle est pourri. Est-ce que moi je vais critiquer leur nouvel aspirateur en disant dans la presse : "Il ne vaut rien, ne l'achetez pas ! "? » Par cette boutade, il voulait dire qu'un show musical ou un film est d'abord un truc pour que les artistes gagnent leur vie. C'est intéressant, cette frontière entre l'objet et l'immatériel.

R. : Sauf le livre, qui garde son aura particulière. En attendant le règne de l'e-book…

> Tapotements et clics.
> Bruits de smartphone apparemment.

H. : Jusqu'à un certain seuil. On sait que les Français ont horreur des *money makers*. Une fois que tu passes dans la catégorie *best-seller*, on considère immédiatement que tu fais de la crotte. Et les interviews ne porteront plus que sur les tirages de tes livres, plus sur leur contenu.

Pour nuancer, on verra plus facilement Marc Levy au 20h de France 2 que Le Clézio…

R. : Seulement le dimanche ! C'est la tradition du dimanche soir, l'invité plateau est une grande figure populaire, du type Sophie Marceau, Claude Brasseur, Johnny, Mylène Farmer,… La qualité pinard sauciflard…

Sans oublier que Laurent Delahousse est l'invité permanent de son propre journal...

> **R. :** Il y a un DJ en France qui s'appelle DJ De La House. C'est une idée que j'aime beaucoup.

Pour revenir à cette hiérarchie des domaines artistiques et culturels, dans les films, on met toujours sur un piédestal le réalisateur et très rarement la personne qui a écrit le film. On connaît rarement le nom du scénariste.

> **R. :** Pas dans 5 *Heures*. On rend justice aux scénaristes, pas uniquement aux réalisateurs. On adore les *storytellers*.

Même ceux des films « qui ont mal à leur auteur » ?

> **R. :** Ah, c'est là que tu voulais en venir… C'est quand même une catégorie de gens qui se regardent filmer. Ce sont des gens qui, à la place du combo permettant de suivre les prises de vue du chef opérateur, ont placé un miroir avec leur propre reflet à admirer !

> **H. :** C'est l'abominable maladie née de la Nouvelle Vague. J'enfonce une porte ouverte : le dégât collatéral de la Nouvelle Vague, c'est d'avoir instauré le réalisateur auteur de ses films. Avant ça, dans le cinéma français, on respectait la conception anglo-saxonne, soit des paires réalisateur – scénariste comme Carné et Prévert, Claude Autant-Lara avec le tandem Aurenche et Bost ou encore une personnalité comme Marcel Aymé qui a écrit pour plusieurs cinéastes…

> **R. :** Même chose avec la Nouvelle Chanson française (Souchon, Jonasz, Cabrel, Renaud, Chedid,...) où il devenait totalement illégitime d'être l'interprète de chansons de quelqu'un d'autre. Un phénomène qui a balayé des gens, comme l'immense Michel Delpech, qui étaient juste de grands chanteurs, sans être des auteurs.

> **H. :** Dans le cinéma, c'est clair qu'il y a un hiatus. À Cannes, il y a une espèce d'anti-américanisme primaire du pays qui se considère comme la patrie du cinéma d'auteur. Il y a une condescendance vis-à-vis de certains réalisateurs considérés comme des « faiseurs », alors que les plus grands parmi les anglo-saxons n'ont jamais écrit une ligne de leur carrière : Ridley Scott, Stephen Frears… Ce sont des metteurs en images fabuleux. Ken Loach ou Clint Eastwood ont toujours travaillé avec des scénaristes. À certains égards, ce sont juste des artisans très doués. La mentalité est très

différente. Le seul moment où il y a eu cette tendance auteuriste dans le cinéma américain, c'était durant Le Nouvel Hollywood des années 1970, avec George Lucas, Jerry Schatzberg, Hal Ashby, Terrence Malick, Robert Altman... Ça a duré cinq ans à tout casser.

R. : Ça nous amène sur une autre thématique...

H. : Je termine mon raisonnement.

R. : Désolé... L'habitude d'interrompre...

H. : Les Français auteurisent tout et à cause de cela, le rôle de producteur s'estompe. Ça nuit au film ! Il faut un regard incisif de producteur pour le bien des récits ! Arnaud Desplechin ou Abdellatif Kechiche y gagneraient ! Plein de films sont trop longs d'une demi-heure car les producteurs n'osent plus taper sur l'épaule du réalisateur pour lui dire de couper. L'auteur-roi mis en avant à tout prix, c'est une conséquence de la Nouvelle Vague.

R. : Je dirais que la conséquence, c'est la Nouvelle Daube ! Des réalisateurs qui, pour justifier leur cachet à temps plein, doivent écrire le film qu'ils réalisent, pour toucher de l'argent dans tous les postes et à toutes les fonctions. Et puis il y a aussi les romanciers à succès, qui se sentent obligés de mettre en image leur roman et de devenir réalisateurs de films. Ça, c'est la nouvelle daube !

H. . Éric-Emmanuel Schmitt, Michel Houellebecq, Alexandre Jardin ont fait des films calamiteux ! Il y a aussi beaucoup d'auteurs de bandes dessinées qui auraient mieux fait de ne pas faire de films... C'est à nouveau une tactique de *name dropping* de la production. On table sur un nom connu, en sachant très bien que la personnalité en question n'a aucun bagage technique. On leur flanque alors deux assistants réalisateurs.

R. : Souvent appelés au générique « conseillers techniques », comme les « nègres » en littérature. J'avais lu un dossier sur le sujet dans *Le Nouvel Obs*, qui expliquait que Sofia Coppola ne venait que très rarement sur ses tournages. Les mouvements de foule de *Marie-Antoinette* tournés en costumes à six heures du matin, très peu pour elle. Par contre, les montages, elle s'en charge toute seule, avec un monteur qui manipule les appareils, portes fermées, elle s'occupe de tout.

Étonnant qu'elle n'ait pas voulu se lever tôt pour *Marie-Antoinette*, alors qu'elle n'habite pas très loin de Versailles…

> **R. :** C'est une voisine ! Son mari est un des membres du groupe Phoenix. Ils occupent une maison somptueuse autour du parc de Versailles. Historiquement, ces maisons ont été données à des militaires, des généraux qui ont eu de grands faits d'armes pour la France. Ce qui était le cas de la famille du mari de Sofia Coppola. L'ancêtre avait reçu la médaille et la maison.

En fait, c'est un peu comme si elle filmait son jardin…

> **H. :** Il y a de ça effectivement. J'ai pensé à une définition du film qui a mal à son auteur. Dans les faits, c'est le fruit d'une accumulation d'incompétences. Le producteur sait que c'est mauvais, mais il faut que ça sorte pour faire tourner la boîte, il faut conserver les aides reçues pour le faire… Lorsqu'il est venu dans *5 Heures*, Bouli Lanners a très justement pointé le gros problème du cinéma en France : le poste le moins bien payé est celui du développement du scénario. Pour avoir le financement des chaînes de télé, de l'avance sur recettes et d'autres investisseurs divers, le producteur doit remettre un projet déjà élaboré. La seule étape d'un film où le producteur doit donc payer de sa poche, c'est lors du développement en écriture. Il lâche des billets, mais accrochés avec des élastiques ! C'est la raison pour laquelle il n'y a que cinq ou six scénaristes professionnels qui ne font que du cinéma d'auteur en France.
>
> **R. :** Mais le succès de l'industrie de la série télé a remis à l'honneur les scénaristes qui sont devenus les rois du macadam.
>
> **H. :** Dans les séries, mais pas au cinéma.
>
> **R. :** Oui. Pour les séries, le scénariste est un créateur qui ensuite réunit autour de lui un staff de plumes. Ils écrivent de façon collégiale. Dans une série, le créateur est le gardien de la mythologie, le garant de ce qui revient dans chaque épisode. Mais dans chaque nouvel épisode, il faut qu'une intrigue vienne se greffer pour que l'épisode soit en soi reconnu comme un bon épisode de la saison style Saison 3 Épisode 4, le top !

C'est comme ça qu'on attribue un épisode à un scénariste.

R. : Les réalisateurs peuvent changer. C'est un peu comme un cadavre exquis. Ceux qui héritent de l'épisode 3 devront tenir compte de ce qui a été inventé dans le 1 et le 2 et dont ils ne sont pas forcément responsables. Ça oblige ces gens à faire une gymnastique créative au niveau du scénario, des intrigues, des rebondissements, qui est très intéressante.

C'est ce qui rend les séries palpitantes. Est-ce que tout cela a influencé le mode d'écriture du cinéma ?

R. : Je crois que l'écriture des séries, à part pour le créateur qui a l'idée originale et qui veille à la cohérence, est un travail de fourmi, très modeste.

H. : C'est aussi une question d'économie. Le cinéma d'Hollywood a vécu de plein fouet la crise des *subprimes*. La production a été réduite de 30 à 40 %, et s'est concentrée sur de plus gros projets qui peuvent intéresser immédiatement un marché mondial. On se souvient de la grève des scénaristes qui avait bloqué la série *Desperate Housewives*. Hollywood ne fait plus que les très grosses machines, avec un public acquis d'avance. D'où les super-héros, les *sequels* et *prequels* (et la loi statistique garantit 60% de suiveurs sur un deuxième film). À l'heure actuelle, des films comme *Foxcatcher*, à mes yeux le meilleur long métrage de la compétition à Cannes en 2014, sont produits par Sony Classics, une petite branche de Sony. Les studios produisent ce genre de film pour l'image de marque, les Golden Globes ou les Oscars. À l'étranger, ils revendent le film, ce n'est pas Sony qui en sera le distributeur. Ils ne se chargent pas de l'arsenal promotionnel à l'étranger. Ils revendent le film territoire par territoire. Donc les studios ne sortent plus en salles que des trucs qui ont coûté 200 ou 300 millions de dollars et pour lesquels on va investir la même somme en promotion… Ce sont de tels bombardiers que les studios ne peuvent en générer qu'une dizaine par an. Des drames intimistes comme *Rain Man* de Barry Levinson, *Kramer contre Kramer* de Robert Benton, des films de studio haut de gamme n'ont plus leur place dans la logique de production actuelle. Ce sont les indépendants qui s'en chargent, plus les majors.

R. : Ce sont des productions porte-avions qui ne vendent pas que le film mais vendent aussi des boîtes à tartines ! Si on prend l'exemple de *Skyfall*, la campagne du film est accompagnée par la vente du smartphone officiel de James Bond. Tout ça fait partie d'un scénario commercial à 360 degrés. Le *Millenium* version suédoise était bourré de placements de produits pour Sony Ericsson, les acteurs se baladaient avec des sacs Ikea, roulaient en Volvo.

Est-ce que, dans cette logique de scénarisation marketing du film, la famille Broccoli derrière la franchise « James Bond » n'a pas été pionnière avec notamment le 45 tours du générique qui généralement cartonnait ?

H. :   Ce qui est historique avec ce cas précis, c'est que la franchise est restée dans la même famille depuis 1962 ! Cette entreprise ne produit que *James Bond*. Ils ont évité le piège de la diversification. C'est une famille de techniciens aussi, ils ont utilisé le même chef cascadeur, le même chef décorateur, le même chef monteur, pendant quarante ans. Et quand l'un d'eux meurt, il a presque coopté son successeur, quand celui-ci n'est pas son propre fils qui traînait déjà sur les plateaux en culottes courtes !

R. :   Comme chez les Bouglione !

H. :   C'est une dynastie, effectivement.

R. :   Ceci dit, la passerelle cinéma et chanson est évidente. Réaliser un générique de film comme un clip, avec une chanson support et des femmes à poil, c'est bien vu. Dernièrement, ils avaient fait beaucoup de bêtises avec Moby, Jack White,… Choisir Adele pour *Skyfall*, c'était super bien vu et inspiré. Parfaitement dans la tradition et la noblesse d'une chanson qui colle parfaitement à l'esprit.

Je me doutais bien que je finirais par tomber sur un dossier George... George Michael ! Passion musicale étonnante de Rudy et plus vieux running gag de *5 Heures*. Pourquoi ? Comment ? C'est ce que je devrais découvrir...

GEORGE MICHAEL, SA VIE, SON ŒUVRE

BANDE N° 16

> Au loin, j'entends les dernières notes
> de *Wake Me Up Before You Go-Go.*

R. : Oh le pauvre, il est encore à l'hôpital. Ça va mal finir, cette histoire. Il fait des malaises chez lui. Il a embouti quelques bagnoles, foncé dans une façade… On raconte qu'il est obèse, dépressif et ne sort plus de chez lui.

Et Geri Halliwell ne fait rien pour lui ? Ils ne sont plus cul et chemise ?

R. : Tu parles ! Elle venait sonner chez lui et il lâchait des ballons d'eau à la fenêtre. Il est drôle, George !

D'où vient ta fascination pour le personnage ?

R. : Je suis un très grand fan de Wham !. Ça a l'air complètement idiot avec le recul, mais quand Wham ! s'est séparé, personne n'a compris pourquoi ce groupe se sabordait et tout le monde était persuadé que dans ce duo, c'était 50 – 50. En réalité, c'était juste le projet de George Michael, fils d'immigrés grecs qui tenaient un restaurant, et d'un fils de bonne famille, Andrew Ridgeley, qui étaient copains d'école. L'un complètement dans l'insécurité d'un point de vue social, relationnel, affectif, ne se sentant jamais à sa place, mais étant extrêmement inspiré : George Michael. Et l'autre, super cool, à l'aise partout mais ne foutant strictement rien. Un golden boy de famille aisée, qui servait d'ambassadeur à un handicapé social surdoué. Il y a un film extraordinaire qui s'appelle *Wham ! in China*, dans lequel on voit une réception dans les jardins de l'ambassade britannique à Pékin. George Michael y est complètement recroquevillé sur lui-même dans un coin regardant par terre et Andrew Ridgeley super à l'aise en train de taper sur l'épaule de l'ambassadeur. Andrew faisait les relations publiques, alors que George était le vrai moteur créatif, bien qu'empêtré dans plein de problèmes personnels…

H. : Ridgeley a quand même fait un album solo…

R. : Oui et je pense avoir été une des seules personnes au monde à l'avoir interviewé pour ça. Il a dû en vendre cinq, dont un à sa mère. Donc, au moment du *split* de Wham !, on annonce les carrières solo et tout le monde rigole. Pas moi ! J'écoute le premier single de George Michael, *Faith* qui est juste incroyable. On me propose une rencontre à Amsterdam, je fonce. On est trois ou quatre Belges à faire le déplacement. Dans l'ascenseur qui nous mène à l'étage des interviews, je dis à l'attachée de presse (alors que personne n'y croit) : « C'est fou, j'ai l'impression d'aller rencontrer David Bowie en 1968. » Les autres journalistes rigolent. Je fais l'interview d'un type qui vient de faire un disque où il s'est chargé de tout de A à Z, j'apprends qu'il a écrit *Last Christmas* à 18 ans,… George Michael était beaucoup plus jeune que l'image qu'il donnait sur les photos. Exagérément timide mais passionné par ce qu'il faisait et donc très loquace quand on le lançait. Malgré tout, durant cette première interview, je n'avais pas affaire à un gars qui rayonnait d'assurance. À cette époque, il y avait un duo anglo-saxon qui avait pas mal de succès qui s'appelait Climie Fisher. Un des deux membres que j'avais rencontré une semaine auparavant était un des types qui avait écrit la chanson que George Michael chantait en duo avec Aretha Franklin, *I Knew You're Waiting (for Me)*. J'avais dit à ce Simon Climie que j'allais interviewer George Michael. En fin d'interview, je lui passe donc le bonjour de Simon ! Je ne sais pas pourquoi, ça a réveillé George et l'interview est repartie ! Il a commencé à s'ouvrir et c'est lors de cette conversation qu'il m'a sorti cette fameuse phrase qui me hante: « Tu connais la différence entre Madonna, Prince, David Bowie, Michael Jackson et moi ? Eh bien, les quatre croient vraiment qu'ils sont Madonna, Prince, David Bowie et Michael Jackson. Moi, je sais très bien que je ne suis pas George Michael. » En 1987, qu'un mec de 23 ans, sur la rampe de lancement d'une carrière monstrueuse, dise un truc pareil, c'était saisissant ! Le malentendu actuel et son espèce de schizophrénie entre son image publique et sa personnalité véritable ne m'étonnent pas tellement. Après des premiers disques très frais, il a commencé à se prendre un peu au sérieux, il a voulu devenir un nouveau Paul McCartney ou un Elton John. Il a cherché la respectabilité. Une erreur, mais compréhensible dans son trajet. Je lui ai serré la main, j'ai caressé son chien, assisté à son MTV Unplugged, il m'a appelé « *my friend* »… *What else ?*

Pour les auditeurs de *5 Heures*, ton amour de George a toujours été mystérieux. C'était un sujet de plaisanterie, mais très sérieux.

R. : Oui bien sûr, il y a aussi le lien avec Poelvoorde. Tu sais qu'on partageait une passion pour George. Benoît m'avait expliqué que quand *C'est arrivé* est sorti en Angleterre, il y avait eu un gala. La tradition britannique veut que l'on demande toujours aux protagonistes du film qui ils voulaient voir à l'avant-première sur le *red carpet*. Ben avait demandé George Michael. Du coup, à Londres, Poelvoorde a appris que dans les soirées privées gays où George Michael se rendait, ils avaient tous leur petit surnom, et George, c'était Daisy. « Est-ce que Daisy est là ? » Poelvoorde s'est bien sûr empressé de me raconter cette anecdote très drôle !

H. : George Michael est l'une des plus anciennes *private jokes* de *5 Heures* et je pense que ce qui nous a servis, c'était la dimension duo de Wham !. Avec un brun et un blond. Et Rudy a tout le temps joué l'origine modeste et campagnarde et moi le fils de bonne famille qui ne fout rien !

R. : J'ai fait une projection !

H. : Qui a culminé quand on a retourné le clip de *Last Christmas*.

C'était avant YouTube. À l'époque, il fallait télécharger le clip sur le site de Radio 21. C'était très lourd !

H. : Et moi qui étais déjà nul en technologie, je n'étais même pas capable de le regarder. On m'avait fait une copie CD-Rom ! On avait filmé ça sur les étangs de la Woluwe qui accueillaient chaque hiver une petite piste de ski artificielle. Des filles de Canal Plus Belgique étaient venues pour la figuration, ainsi que Régine Dubois, une animatrice de la RTBF. Thierry Dory qui a réalisé la parodie a trouvé des costumes et plein d'idées ingénieuses. On avait plein de rimmel, de fond de teint, Rudy avait une boucle d'oreille en or.

Il y avait un plan magnifique où tu jouais la déception…

H. : Ah oui, là on brouillait les pistes !

R. : D'autant que la fin du clip, on fout les gonzesses dehors et on se roule dans la neige. Il y avait un message crypto-gay…

H. : Les scènes d'intérieur avaient été tournées chez moi, avec le vrai sapin de Noël familial.

R. : Un fan a *uploadé* la vidéo sur YouTube des années après et Sony l'a fait retirer. On était propriétaires des images, mais pas du son. Puis la vidéo a refait surface. La légende urbaine raconte que George Michael lui-même, ému par ce *tribute*, a donné l'ordre à Sony de remettre notre version de *Last Christmas* en ligne.

H. : La fascination de Rudy pour George n'est pas innocente. Il y a un sous-texte.

Il y a un ressort comique avec George, mais aussi une véritable admiration ?

R. : Absolument. J'étais dans le public de son « MTV Unplugged », j'ai vu son show « Cover to cover » à Manchester... J'en parle sérieusement ! Comme Hugues a une admiration (et une amitié désormais) avec Roger Hodgson. Le jour où il y aura le *biopic Supertramp : the movie*, je pense que Hugues sera *script doctor*. Mais plus que des réincarnations de Wham !, je pense que Hugues et moi sommes plutôt Sherlock Holmes et le docteur Watson version Benedict Cumberbatch et Martin Freeman.

Et qui est qui ?

R. : Ça, je l'ignore...

H. : Ah non, moi je crois qu'on est plus Pet Shop Boys !

R. : Oui, et on est aussi Statler et Waldorf, les deux vieux au balcon du Muppet Show !

> La bande s'arrête. Je ne sais toujours pas qui pose les questions. Mais je constate que plus je creuse, moins je trouve de signe de « fatigue » ou de « délire ». Quel est donc le mystère derrière la disparition de Hugues Dayez et Rudy Léonet ?

Il y a quelque chose qui me chiffonne de plus en plus, d'après la numérotation, certaines bandes ont disparu. A-t-on essayé de cacher des déclarations ? Y a-t-il un sens numérologique à tout ça ?

#VISIBLEMENTÉMÉCHÉ

BANDE N° 16 bis

Il y a George, il y a Roger, mais il y a aussi les Pet Shop Boys... Vos prouesses à la RTBF DJ Expérience sont-elles un hommage au duo placide ?

H. : J'adore les Pet Shop Boys, et tu as raison : c'est tout autant pour leur attitude que pour leur musique. C'est l'humour british « *tongue in cheek* » élevé au rang des Beaux-Arts. Rudy m'avait raconté une anecdote sublime. Un journaliste leur avait demandé: « Pourquoi vous tirez toujours la gueule sur les pochettes de vos albums ? » Réponse: « Parce que le photographe n'est pas drôle. » Magnifique. Et c'est vrai que notre comportement à la DJ Experience est un hommage indirect : Rudy joue au Chris Lowe impassible derrière son clavier, et moi à Neil Tennant avec son chapeau à paillettes !

R. : J'ai pas mal croisé les Pet Shop Boys... Avant d'être des popstars, ce sont des théoriciens de la pop music, ce que les Anglais appellent « *pop about pop approach* »... La musique qui réfléchit et parle d'elle-même. Je leur ai demandé s'ils étaient les Gilbert & George de la pop et Neil m'a (gentiment) mis une claque sur la cuisse pour toute réponse ! Chris et Neil sont très différents mais peuvent échanger les rôles, j'en ai fait l'expérience en interview : une fois Chris est silencieux, l'autre fois c'est Neil qui s'efface. Mais en public, le casting est clair : Neil est *frontman*, Chris est *laidback* comme un duo de clowns au cirque. Un jour, je crois que c'était en 1991, ils m'ont demandé si j'avais jamais vu un truc aussi bien mis en scène que leur Performance Tour. Par provocation, je leur ai dit : « Oui, bien sûr. Mylène Farmer. » Ils étaient interloqués et dubitatifs. « *Who* ? » À part Sylvie Vartan, ils ne connaissaient aucune chanteuse française. Ils ont envoyé un assistant acheter un DVD live de Mylène Farmer. Deux ans plus tard, en feuilletant le NME, je lis l'interview de Neil Tennant à propos du retour de Electronic (super groupe formé par les Pet Shop Boys, Bernard Sumner de New Order et Johnny Marr des Smiths). Déclaration choc : « Notre nouveau single s'appelle *Disappointed* en hommage à *Désenchantée*, la chanson de la française Mylène Farmer qu'on adore... » Une fois, ils m'ont demandé pourquoi je portais un t-shirt Front 242 et pas un t-shirt Pet Shop Boys pour venir les interviewer. Je leur ai dit : « Je suis un pauvre journaliste sans argent, je porte ce qu'on me donne... » Le soir même, un sweat-shirt Pet Shop Boys m'attendait avec mon ticket de concert... Ces deux-là sont de vrais originaux mais totalement cohérents.

Hugues « visiblement éméché », c'est un vieux hoax du web devenu un hashtag qui a la vie dure... Que peux-tu dire pour faire taire définitivement les racontars ?

> **H. :** Le journaliste conventionnel qui imagine que, pour danser de manière exacerbée, il faut forcément se bourrer la gueule pour vaincre d'éventuelles inhibitions, est un imbécile! J'ai toujours dansé comme ça, et pour tenir la forme, dans les soirées étudiantes, je carburais au coca, pas à la pils! Si tu es soûl, c'est IMPOSSIBLE. `Il tape du point sur la table.` de danser comme ça, d'occuper la piste, d'établir un contact avec le public. La salle de la DJ Experience est tellement énorme, la scène est tellement large, que je me demande chaque fois si je vais y arriver... Mais en même temps, s'engager à monter sur scène juste pour flemmarder derrière les platines, ça n'a aucun intérêt! Si on décide de jouer le jeu et de s'engager, il faut y aller à fond !

> **R. :** Je confirme : de l'eau, rien que de l'eau de Vittel et beaucoup de discussions avant l'entrée en scène. Hugues tient une forme physique et cardio exceptionnelle grâce au vélo. Je serais incapable de le suivre ! Évidemment qu'il n'a pas bu, c'est ridicule. On part du même principe que pour les critiques. Si les gens paient 10 euros, tu leur donnes pour 10 euros. À ta façon, avec tes outils mais tu les rends, tu ne fais pas un hold-up. Nous, ce qui nous plaît et ce qui nous correspond, c'est de faire ça. Et de le faire à fond, sans tabou ni retenue. C'est du spectacle !

Et dans ce spectacle, comment concilier votre amour du 45 tours avec ces platines ultramodernes de la DJ expérience ?

> **H. :** Je suis nul en technique, ce n'est pas un scoop. Heureusement, Rudy assure un max! Et tant que je peux être en transe sur les morceaux de ma jeunesse - du style *Atomic* de Blondie, *I Just Can't Get Enough* de Depeche Mode ou *Enola Gay* d'OMD, je suis heureux !

> **R. :** C'est Hugues qui danse, je lui fais une bande originale stimulante et favorable à sa mise en transe... C'est comme de l'hypnose.

Chaque année, vous renouvelez le show de la DJ expérience... À part le budget, quelle est la limite de ce happening ?

> **H. :** Le problème c'est qu'en 2013, j'ai fini torse nu sur scène, tellement j'étais en nage ! La question pour cette année était évidemment : comment aller plus loin? J'ai trouvé l'idée de me tatouer « 5H » sur le torse,

à la manière des Femen, et Rudy a eu l'idée des girls avec des pistolets à eau... Nos auditeurs comprennent le second degré du show ! Un type m'a descendu en flèche en écrivant sur sa page Facebook: « Comment peut-on perdre sa dignité à ce point-là ? » Comme si la dignité était une question d'habit! Je connais plein de crétins en costume-cravate qui sont parfaitement vulgaires et indignes.

R. : Je viens avec des pétards, des bulles, des Bitchy Bitches avec des mitraillettes à eau (eau chaude, je précise)... Il y a deux règles à notre participation : communiquer notre plaisir et puis terminer par *Viva La Vida* de Coldplay. Si en plus on est mouillés, hilares et frustrés, c'est parfait. Ça veut dire qu'on reviendra sans doute.

Logique, après l'idole de Rudy, place à celle de Hugues, membre honoraire du fan club de Supertramp... Ils sont non seulement cohérents mais aussi et étonnamment « full sentimental » !

ROGER ET MOI

BANDE N° 17

H. : Dis, comme tu as fait beaucoup de George Michael, est-ce que je peux faire un paragraphe sur Roger Hodgson ?

R. : Bien sûr, Hugues ! C'est quelque chose d'important. On parle de rencontres qui donnent envie de défendre des artistes, des personnalités. Quand tu n'as pas l'impression d'être face à un type qui preste ses heures de promo obligatoires mais devant quelqu'un hors norme avec une trajectoire, une œuvre et des côtés fulgurants. Aujourd'hui, des gens passionnants sont banalisés par les procédures et codes de la promo. Ils deviennent ordinaires là où ils pourraient se montrer extraordinaires.

H. : Le pognon standardise tout.

R. : Tu ne peux plus rien dire en off, car dans les trois minutes, tu es twitté. Bon, on s'éloigne de ton cher Roger Hodgson…

H. : Il n'est pas excentrique même s'il a de magnifiques gilets.

R. : Je trouve qu'il ressemble à Panoramix.

H. : Mon intérêt pour les chansons de Roger Hodgson remonte à très loin. Le dernier album de Supertramp avec le duo magique Rick Davies - Roger Hodgson c'est en 1982, « Famous last words », j'avais 18 ans. Ils sont venus à Werchter en 1983 pour une tournée d'adieu dans la formule originale. J'ai vécu ça comme fan, il y a beaucoup de morceaux qui m'ont touché. Ce qui est surprenant, c'est qu'après le *split*, la carrière solo de Hodgson ne décolle pas. Il fait un album et puis disparaît dans une gigantesque dépression. Il revient vaguement faire des « Nights of the proms » où il joue quatre morceaux, se casse les deux poignets dans un accident et se croit perdu pour la cause. Nouveau trou noir. Fidèlement, je vais le revoir comme fan dès qu'il est en concert en Belgique. Petit à petit, je creuse comme journaliste, je me dis que j'arriverai peut-être à faire une interview. J'y arrive, c'est assez lisse, le gars est un peu absent. En 2000, il fait un album celtique, enregistré à Nantes. On sent que le type a changé, qu'il a évacué ses démons. Le disque est signé chez Sony France qui met en place une tournée promo. Je prends rendez-vous pour une interview. L'entretien se passe, on va très loin, il est très franc, il explique ses périodes de déprime et on dégage des idées pour répondre à l'éternelle question : qu'est-ce qui fait qu'une carrière solo fonctionne ou pas ?

Ça, c'est la pierre philosophale de la musique pop !

H. : Ce n'est pas une question de répertoire, mais parfois les compositeurs se réfugient à l'intérieur du groupe et peinent à exister en dehors. Hodgson m'explique qu'une fois devenu son propre maître, il s'est rendu compte qu'il lui manquait l'émulation et la structure du groupe pour avancer. Il avait cette formule pleine d'humour anglais : « Quand tu es seul et que tu cales en faisant ton album, tu ne peux pleurer que sur ta propre épaule, et ce n'est pas très facile. » Supertramp a aussi eu sa Yoko Ono : Sue Davies, la femme de Rick, le fondateur du groupe, qui s'est imposée comme la manager de Supertramp, au grand agacement de Roger… Il m'explique tout sans langue de bois. L'interview finit par durer plus d'une heure. Je pense à en faire un portrait télévisé long format, avec des images d'archives. Dans la foulée, il fait un *showcase* dans un petit bistro de Bruxelles, l'Archiduc, où il chante tous les tubes en piano guitare. Le contact est bon, la maison de disques me propose de venir manger avec lui après le concert. On est face à face et visiblement sur la même longueur d'ondes. C'était formidable de pouvoir sympathiser avec un artiste dont j'étais fan par l'intermédiaire de mon boulot de journaliste culturel. C'est une complicité qui m'est devenue précieuse. On se voit régulièrement, on s'écrit. Sur scène, quand il vient en concert en Belgique et que, sans me prévenir, il me dédicace un morceau en plein milieu du show, ça me donne la chair de poule… Bref, ça a dépassé la relation professionnelle depuis près de quinze ans maintenant.

Preuve qu'il y a un facteur humain dans vos boulots respectifs…

H. : S'il y a un truc important dans mon parcours de journaliste, c'est ça, même si je n'en parle jamais sur antenne.

R. : Il y a un point essentiel dans ce genre de relations. Tout ça n'a de sens que si elle s'instaure dans le cas où l'artiste a vendu plus de disques que tu n'auras jamais d'auditeurs. Parce que sinon, il y a toujours un doute. L'intérêt est forcément honnête dans ce cas. Il ne peut pas être biaisé par un calcul.

H. : Ce qui est bien aussi, c'est qu'une relation comme celle-là ait été permise par le domaine professionnel, sans intervenir dans ma zone. Je ne traite pas de musique. Comme Rudy a pu être très pote avec Poelvoorde, puisqu'il ne traitait pas de cinéma. Ça complète le raisonnement.

R. : Mais parfois, il faut se limiter à connaître les artistes, pas chercher à connaître leur vie. Je me souviens de l'exemple de Bill Pritchard, un chanteur anglais installé en Belgique chez Pias. Il était dans une période indie folk à la House of Love, Creation… et était très fan de Françoise Hardy. J'avais fait un jour une interview de Françoise Hardy chez elle, et je lui avais parlé de Pritchard qui se retrouvait dans ce qu'elle avait chanté dans les années 1960. Elle ne connaissait pas. Je lui ai envoyé les disques de Bill, elle m'a répondu et a fini par rencontrer Pritchard. Le résultat, c'est que sur un disque suivant de Bill Pritchard, il y avait une note de pochette qui disait « *Destroy your myths, by meeting them* ». Ça n'avait pas fonctionné entre eux. Car Françoise Hardy est quelqu'un de très renfermé, de charmante et bien élevée, mais un peu misanthrope. Il faut faire attention à ça. Rencontrer les artistes qu'on adore n'est pas toujours une bonne idée.

H. : C'est toujours lié à un concours de circonstances.

R. : Complètement, il faut rencontrer les bonnes personnes au bon moment. C'est un problème de ligne du temps. On rencontre parfois les gens à un mauvais moment. Quand des amis me racontent qu'ils viennent d'aller voir les Rolling Stones en 2014, je leur dis : « Non, tu n'as pas vu les Stones. Pour l'essence des Rolling Stones, ça fait longtemps qu'on est en panne sèche. Ce n'est qu'une représentation des Stones, mimée, que tu as vu. » Il ne faut jamais essayer de rattraper les choses comme ça. Au Beach Festival 1989, on annonçait Steve Harley et Cockney Rebel. Un truc un peu glam que j'adorais en 1973 avec la chanson *Sebastian*. Je fonce les écouter au Beach. J'ai vu se pointer un chauve bedonnant et je me suis dit : plus jamais. Mon image sublimée, c'était mon souvenir et pas la réalité. Je me trompais ! J'ai raté l'instant X. Tant pis. On ne remonte pas le temps !

Mais il peut y avoir des exceptions, avec des artistes qui vieillissent bien.

H. : Oui, c'est vrai. Quand Paul McCartney est remonté sur scène dans les années 80 après des années d'absence, il avait une pêche formidable, un désir énorme de retrouver son public. Il avait arrêté les tournées juste après la mort de Lennon, tétanisé de devenir peut-être le suivant sur la liste des Beatles assassinés. Pour son comeback, je l'ai vu à Bercy, c'était nickel. Et je me suis dit, un peu à la manière de Rudy : « Je vais en garder un souvenir formidable, et m'en tenir à ce souvenir. » Je n'ai plus été le revoir depuis, de peur d'être déçu, par ses cheveux teints et sa voix plus rauque que par le passé...

> Un téléphone sonne et une porte s'ouvre.
> La bande s'arrête.

LES COMÉDIENS FRAPPENT À LA PORTE

Ah, bienvenue en terrain miné ! Les comédiens des publicités, voilà les intrus préférés de Léonet et Dayez. La corporation des saltimbanques de la réclame est la cible régulière du duo, j'imagine dès lors qu'une bande pleine d'ironie m'attend...

BANDE N° 18

Parlons des comédiens. Je pense que c'est le mot qui est le plus souvent prononcé dans *5 Heures*.

R. : Par la force des choses puisque ce sont les gens qui viennent tout le temps nous interrompre. Ceci dit, heureusement, car c'est le seul moment, avec la tranche d'info, où on coupe nos micros, où nous pouvons respirer. Quelque part, c'est un espace récréatif et souvent, on règle des problèmes pendant la publicité.

H. : C'est une pause briefing hors antenne.

Vos moqueries envers les publicités ne vous ont jamais valu des problèmes ?

R. : Non, jamais.

H. : Ce qui est devenu merveilleux, c'est quand les distributeurs ont eu l'idée d'acheter des pages de pub pendant *5 Heures*. C'est hallucinant, parce qu'on se retrouve dans une situation où l'on peut entendre la bande-annonce d'un film que je dézingue dans les trente secondes qui suivent. Y compris des coproductions RTBF, d'ailleurs. Mon job, c'est de donner un point de vue critique, pas d'être un relais publicitaire.

R. : Poliment dans ces cas-là, tu « émets des réserves ». C'est une parole libre, sans élastique.

H. : Ce qui est triste avec la publicité radio, c'est que c'est très mauvais ! Ça véhicule plein de clichés rétrogrades : madame attend avec son rouleau à tarte monsieur qui rentre avec un verre dans le pif. Ce côté guerre des sexes est vraiment exaspérant ! Et tellement daté.

R. : Je pense que la pub radio, qui pourrait être un outil d'écriture extraordinaire, est une culture relativement jeune en Belgique. Elle n'est pas historique. En France, la publicité en radio, qu'elle soit faite par les speakers à l'antenne, ou de manière construite, est plus ancrée dans les habitudes. Lorsque Coluche interprétait (et ridiculisait) les pubs comme une boutade, les annonceurs se sont battus pour qu'il continue à les lire. Les messages étaient plus écoutés, entendus et intégrés que lorsque c'était un spot publicitaire normal et finalement banal.

H. : Il y a l'exemple de Richard Gotainer qui a fait une carrière musicale sur base de jingles de pub extrêmement efficaces et rigolos. Il s'est improvisé chanteur de variétés, mais c'était au départ un publicitaire.

R. : En Belgique, cette culture-là n'existe pas. Souvent, ce qu'il se passe, c'est que la création de pub radio se fait sur une queue de budget d'un spot cinéma, télévision ou affichage. On rajoute un peu par-dessus avec les miettes du budget.

H. : Avec les « rawettes ».

R. : C'est dommage. Ça se fait sur un coin de table, vite fait, avec des grosses ficelles et les trois ou quatre mêmes comédiens en permanence.

H. : Comme les budgets sont étriqués et que ces pubs doivent être mises en boîtes en dix minutes, on prend des comédiens expérimentés et efficaces, qui peuvent tout enregistrer en une prise. Grosso modo, quatre ou cinq comédiens se taillent la part du lion.

R. : Ce manque de créativité est lié à un manque de budget. Il y a la frilosité du milieu aussi, qui ne s'aventure plus dans des publicités trop sophistiquées, au service d'une création avec clin d'œil et qui pourraient devenir de la bonne matière radio. On se réfugie dans de la grosse réclame, pour que le message passe. En 2014, on ne peut plus se permettre de tourner autour du pot avec un milliard de subtilités. Il faut y aller sans préliminaires. Au coup de poing !

H. : Ce qui nous a fait terriblement chavirer, c'est l'époque où on ne pouvait plus choisir le moment de diffusion des publicités. On se les prenait comme une vague dans le dos à la mer du Nord !

> Dayez émet un « splach ! » tonitruant.

R. : Maintenant, on les envoie à la demande et on peut mieux les dompter. L'idée de se servir de la publicité comme un propos, qu'on commente, qu'on lance comme un disque, qu'on met en scène en disant que les comédiens rentrent par la comédière (en fait une chatière adaptée), ça rejoint l'idée de *Tout le monde il est beau, tout le monde il est gentil* de Jean Yanne. Dans ce film, le héros doit relifter complètement la grille d'une radio. Les gars testent à l'antenne les produits dont ils font la publicité, dont un mec qui bouffe du pâté pour chien. C'est extraordinaire. Ce film est visionnaire. À l'origine, c'était une pantalonnade totale et une grosse caricature. Mais avec le recul, on n'est pas tellement loin de ça aujourd'hui. C'était l'époque de *Jésus Christ Superstar*, tout était divin, tout était Jésus,… Tous les jingles se faisaient avec des chants de messe… Fascinant !

H. : À partir du moment où on doit subir la publicité, autant essayer d'en faire quelque chose…

Elles finissent par faire partie de l'habillage de l'émission ?

R. : Oui, on commente tout le temps : attention, c'est la fin du mois ! Je garde la main sur le portefeuille pour ne pas me laisser tenter… Hugues va-t-il s'acheter une pompe à chaleur ? C'est un *running gag*. Quand on est partis en improvisation sur la bière Grimbergen et l'abbaye d'Aldi, je pense qu'on a rendu service à la marque ! Sans contrepartie, bien sûr !

H. : Finalement, on cite énormément de marques, on met la pub et les annonceurs en valeur en les buzzant avant la diffusion !

La publicité joue donc un rôle dans *5 Heures* ?

R. : J'ai l'impression d'être un ancien combattant, mais j'ai connu la dernière heure de Radio 21 sans publicité. C'était un dimanche soir, où j'ai pu dire aux auditeurs qu'ils se réveilleraient le lendemain matin avec une autre radio, une radio avec publicités. Il existait déjà du parrainage, mais pas de publicité directe. Par exemple, au tout début de *5 Heures*, l'émission était parrainée par Coca-Cola. Il y a eu des t-shirts, ce genre de choses. Une marque s'associait à une émission. Mais de vrais écrans publicitaires, qui disaient leur nom, c'était nouveau.

H. : Il y a un truc par rapport aux séquences obligées sur lequel on a ironisé, c'était la séquence « quota ». On devait passer de la chanson française de Belgique. On s'est donc amusés à passer des trucs insensés : accordéon d'André Brasseur, Karine et Rebecca…

R. : Il faut savoir qu'il y a deux sortes de quotas à la RTBF. Primo, ceux de l'expression française, même si c'est un groupe anglophone comme Placebo qui chante « Embrasse-moi, mets ton doigt dans mon… » Deuxio, ceux qui sont labellisés Fédération Wallonie-Bruxelles, que ça soit en anglais, en allemand, en italien, instrumental… Sur Pure FM, on est tenus d'en passer 10%. Et on est à 20%. Sur d'autres chaînes, c'est le quota francophone qui est pris en compte, 15% sur Classic 21, 60% sur La Première et Vivacité cumulées.

H. : Au tout début de cette règle de quota, donc à l'époque de *T'en veux ? J'en ai !*, on a passé les pires trucs. Alors qu'on ridiculisait cette nouvelle donne, on a appris que l'attaché de presse du ministre en charge de la Culture écoutait l'émission avec délectation !

Tiens, l'écriture est différente
sur cette bande.
J'ai l'impression qu'elle n'a
pas été consignée par la même
personne. En fait, une des
questions qui reste en suspens,
c'est comme dans tout duo,
la tentation du solo !
Et si c'était le sujet de cet
enregistrement ?

VIOLON D'INGRES

BANDE N° 19

On sait que Hugues a son violon d'Ingres et qu'il écrit des bouquins sur la bande dessinée. On sait moins que tu écris des paroles de chansons.

> **R. :** C'est parce que je n'en fais pas énormément.

Quel plaisir particulier tu y trouves ? Est-ce que ça n'est pas dangereux quand on est à ce point immergé dans la critique et le commentaire de chanson ?

> **R. :** En fait, le vrai danger n'était pas là… Pendant une dizaine d'années, j'ai écrit pour la presse écrite, *Moustique* en l'occurrence. Chaque semaine, je signais des critiques de disques. Un peu dans l'esprit *5 Heures*, je n'avais pas ma plume dans ma poche. Tout cela fait partie d'une sorte de journalisme rock où il faut décrire les choses avec des pirouettes ou des paraboles, des phrases cash ou des *punchlines*.

C'est un style d'écriture à part entière ?

> **R. :** Oui. Ça me paraît extrêmement important de comprendre que c'est autant de la provocation que de l'humour. Ça en dit autant sur celui qui l'écrit que sur le sujet. Tout ça vient du néo-journalisme français, comme Alain Pacadis dans *Libé*, ou Thierry Ardisson et Jean-Luc Maître qui faisaient leurs interviews « Descente de police »… Dans *Rock'n'Folk*, il y avait Patrick Eudeline. C'était du journalisme post-punk. Moi je suis un enfant de cette époque, clairement. Je n'ai pas eu le choix, c'est ça qui m'a révélé au monde !

C'est cela qui a défini ta manière de faire ?

> **R. :** Oui, pendant ces dix ans d'articles dans *Moustique*, quand j'aimais c'était la dithyrambe, quand je n'aimais pas, je carbonisais ! C'était le style. Souvent, j'ai eu des reproches de groupes belges et ironiquement, des années après, c'est une scène que je défends et soutiens bec et ongles sur Pure FM. Des groupes m'interpellaient en me disant qu'ils avaient mis trois ans à faire un disque que je descendais en trois lignes. Ça n'était pas mon problème. Quand tu vas au restaurant, tu ne veux pas savoir qui a été faire le marché, s'il y a eu une panne de gaz ou s'il n'y avait plus assez de beurre… Ce que tu veux, c'est savoir si le plat dans ton assiette est bon ou pas. Les coulisses ne comptent pas. On n'est pas là pour s'apitoyer sur le processus. Ce qui compte c'est le résultat. Donc, plus par jeu qu'autre chose, j'étais sans pitié ou complètement amoureux…

Et non seulement tu as été critique, mais aussi… chanteur !

R. : Je ne sais pas si c'est par défi ou simplement pour en avoir le cœur net, mais j'ai eu envie de voir l'autre côté du miroir. J'avais écrit des textes que j'ai proposés à mon ami de toujours Marc Wathieu (alias Marc Morgan), un mélodiste incroyable. Il ne s'est pas passé 48 heures avant qu'il ne me renvoie une cassette avec une guitare-voix sur le texte. Me prenant au jeu, j'ai commencé à écrire d'autres chansons avec lui et il a eu la gentillesse de trouver ça pas mal. À chaque étape, j'ai poussé l'idée de plus en plus loin. Puis, je me suis dit qu'il fallait habiller tout ça, avec de la musique un peu électronique. On s'est réunis avec Alain Debaisieux et Bernard Dobbeleer, pour un projet qui est devenu le groupe La Variété. Je cherchais un nom qui voulait dire beaucoup et rien à la fois et je suis tombé sur le disque *La variété by Weekend*. Le nom parfait nous tendait les bras.

Vous n'en êtes pas restés là ?

R. : On a continué. On a enregistré de façon plus produite, trois ou quatre titres, que j'ai mis sur une cassette, emballés avec une pochette de photocopies roses tirées d'un catalogue Gonthier, avec des alphabets découpés façon lettre anonyme. J'ai envoyé le tout à des maisons de disques en France, puisque là-bas, personne ne savait qui nous étions exactement. Je voulais savoir ce que ça valait, si on allait avoir des retours. Et on en a eu ! On enregistrait au fur et à mesure de ce que l'on livrait. La demande créant l'offre. Pour finir, on a eu plein de rendez-vous chez Philippe Lerichomme, qui s'occupait du catalogue de Gainsbourg ; Marc Lumbroso qui s'occupait de Vanessa Paradis chez Virgin et puis chez Pascal Nègre, à l'époque patron de Barclay.

Mais pour toi, tout cela n'a jamais été autre chose qu'une sorte de performance ?

R. : Ça m'intéressait d'aller au bout du processus, même si je n'ai jamais souhaité devenir chanteur de variété. Je voulais comprendre pourquoi ça pouvait être difficile, où ça pouvait coincer. Bref, on a fini par signer un contrat d'album chez Rosebud, qui à l'époque était un label de chez Barclay, et le gars qui a signé, c'est Alan Gac, aujourd'hui manager de Katerine. Je me suis retrouvé avec le camarade Pascal Nègre comme interlocuteur et patron de label. Ils y croyaient très fort, ils pensaient voir dans certains de nos morceaux une sorte de *C'est la ouate* ou de *Joe le taxi*. Il a donc fallu faire un clip. On n'avait aucun plan de carrière donc on voulait tout essayer et j'ai tout de suite dit que je ne voyais que trois réalisateurs de clips valables en France : Jean-Baptiste Mondino, Michel Gondry et Daniel Chenevez. Ce dernier, qui était également membre du groupe Niagara, avait rentré un projet de clip génial où nous étions dans un magasin où toutes les étiquettes des produits étaient les paroles de nos chansons. Après il a fallu faire des concerts, on est partis en tournée avec Jean-Louis Murat.

C'est comme ça que tu as rencontré le barde Murat ?

R. : Non, je le connaissais avant. D'ailleurs, il nous a embarqués par amitié.

Ça a nourri ton approche de journaliste ?

R. : Toute proportion gardée, c'est comme Günther Wallraff qui s'était mis dans la peau d'un travailleur immigré sur les chantiers. En 1986, il écrit un best-seller absolu qui s'appelle *Tête de Turc*. Il se teint les cheveux et se laisse pousser une grosse moustache noire puis s'est fait passer pour un travailleur émigré turc, pour voir comment ils étaient traités sur les chantiers en Allemagne. Je ne veux pas me comparer à ça, mais l'idée y ressemblait un peu. J'en suis revenu avec des trucs qu'aucun journaliste ne saura jamais. Par exemple, qu'aucun disque n'arrive là par hasard. Tout est affaire de circonstances. Derrière chaque disque, il y a une histoire. Le type qui arrive les mains dans les poches et qui tout à coup est découvert, je n'y crois pas. Tout est travaillé. C'est la raison pour laquelle aujourd'hui, le marché est complètement bouché soit par des anciens chanteurs de comédies musicales, par des anciens gagnants de Star Academy, par des fils et filles de…

Après l'expérience de La Variété, tu continues à écrire ?

R. : Oui, j'y avais pris goût. À la suite de ça, Nicola Sirkis d'Indochine qui écrit toujours ses textes en dernière minute, avait besoin d'un coup de main sur des chansons… Il m'a demandé de l'aider. À chaque fois que je me suis trouvé dans un rôle de parolier, c'était un dépannage. Ce que j'aime, c'est un truc très précis, quand la musique est écrite, qu'il y a déjà un « lalala » et qu'il faut y aller à la syllabe près, au chausse-pied.

BANDE N° 19

Tu sais comment travaillait Bashung ? Il demandait une grosse masse de texte et il y allait à l'entonnoir. Il demandait à Jean Fauque des textes en prose et lui faisait son mortier.

R. : Je sais qu'en musique, Bashung travaillait comme ça. Il a travaillé avec un copain qui s'appelle Jean-Marc Lederman, et il était en demande de *patterns* avec des boucles dans lesquelles il découpait pour créer ses chansons. En fait, pour revenir à ta question, je n'écris que pour des gens que je connais. Une fois, je me suis pris au jeu pendant une émission, les gens de Sneaker Pimps étaient là et échangeaient quelques mots en français. Je leur ai lancé comme une boutade qu'ils devraient chanter en français. Ils m'ont dit qu'ils n'avaient pas de texte, et que si je voulais m'y coller… Une semaine plus tard, je leur ai livré le texte, chanté a capella sur une cassette et ils ont fini par sortir la chanson ! En français, je l'ai aussi fait pour Das Pop. Et j'ai écrit aussi pas mal de textes pour Jeff Bodart que j'aimais bien.

Tu as écrit pour Murat ?

R. : Non ! Il est assez grand pour écrire tout seul !!!! Par contre, il a repris la chanson *C'est dans ma nature* de La Variété.

> Un bruit de porte. Hugues s'excuse. Le son est mauvais. Il parle d'une chaîne de vélo brisée net. « Ta ponctualité légendaire est mise en défaut » répond Rudy, avant de couper la bande.

C'est à cause de ce genre de titre obscur que La Renaissance du Livre m'a demandé de me pencher sur l'énigme *5 Heures*. Mais je dois bien avouer que plus j'avance, moins je trouve d'indices sur les origines de ce rendez-vous radiophonique. Même si chaque bande retranscrite livre son petit paquet de pépites, je commence à me faire à l'idée que je ne trouverai pas la clé de l'émission...

LES PIEDS DE MICHEL PICCOLI

BANDE N°20

Il y a quelques obsessions de l'émission, des *running gags* qui tournent au feuilleton. Comme « Les pieds de Michel Piccoli », dont vous parlez souvent...

> **H. :** Je m'en souviens, j'en ai parlé à propos de *Boxes*, l'épouvantable film réalisé par Jane Birkin. On ne va pas tirer sur l'ambulance... C'était un film d'horreur involontaire, puisque le pauvre Piccoli, quatre-vingts berges, était allongé avec ses pieds nus blanchâtres de vieillard et ses ongles incarnés. C'était atroce. On a beaucoup ri avec ça ! J'aime toujours bien prévenir quand il faut écarter les enfants du poste ! Pour moi, c'est un film plus effrayant que *Rec* ! Depardieu, pieds nus dans *Bellamy* de Chabrol, c'était pas beau à voir. Plus généralement, je me rends compte que je n'ai aucun problème avec la vieillesse à l'écran, mais j'ai des problèmes quand les vieux acteurs ou actrices sont utilisés soi-disant pour leur rendre hommage, mais finalement l'effet est totalement inverse...

Comme Belmondo dans le film de Francis Huster ?

> **H. :** *Un homme et son chien* ! Ça, c'est le pire.

> **R. :** Là, on parle carrément d'une personne handicapée.

> **H. :** C'était une instrumentalisation du mythe Belmondo à la gloire de Huster. Dégueulasse. Michel Boujenah a réalisé un film au Québec avec Philippe Noiret. Celui-ci incarne un père de famille qui fait semblant de tomber malade pour réunir ses enfants, idée reprise ou pompée par Lelouch plus tard dans *Salaud, on t'aime !*. Boujenah devient ami avec Noiret et le relance pour un autre film, *Trois amis*, avec Kad Merad. Entretemps, Noiret tombe gravement malade. Boujenah le convainc de venir tourner deux scènes par amitié, et on le voit face caméra en phase terminale avec un teint de bougie. On prend ça dans la gueule. C'est presque indécent. C'est l'hommage qui tourne mal.

> **R. :** Aux Victoires de la Musique, quand on a vu apparaître Renaud, bouffi et incapable de chanter, on ne le reconnaissait même plus. Je l'avais souvent croisé aux Studios ICP à Bruxelles, et là j'ai fait un bond en arrière devant ma télé. Il ressemblait au chanteur Carlos ! C'était la période où on l'appelait 102, parce qu'il s'enfilait deux bouteilles de Pastis 51 par jour.

Je crois que c'est Eddy Mitchell et Serge Gainsbourg qui ont popularisé le 102 au bar de l'hôtel Lutetia…

R. : Avant midi, Renaud avait sifflé de quoi tomber par terre. Alors, faire monter sur scène un gars dans cet état-là pour lui remettre un prix…

H. : Dans un film, la trace reste éternelle. Ça s'inscrit dans une œuvre. Je trouve ça déplacé et quand j'en ai l'occasion, je le pointe dans mon métier de critique de cinéma.

R. : Il y a des contre-exemples. Quand Annie Girardot vient recevoir un prix aux Césars, et qu'elle dit en larmes : « Je ne sais pas si j'ai manqué au cinéma, mais le cinéma m'a beaucoup manqué »…

H. : Toute la salle est en pleurs. Ça venait du fond du cœur. Girardot était loin dans l'autodestruction et la maladie, ce n'était plus 102, mais 204.

Par rapport au vieillissement dans la musique, je me souviens d'une émission où vous aviez parlé de gros Robert, de Robert Smith… Tu t'étais trompé sur son âge et tu avais dit sur antenne qu'il avait 70 ans ! Et on vous sentait tous les deux tétanisés…

R. : Oh oui, la boulette ! Il a 55 ans. J'ai toujours été mauvais en calcul. Ce qui est terrible, c'est que Robert Smith n'existe que par sa silhouette. C'est le même cas pour Tim Burton qui est en train d'opérer une mutation pour le moment. Johnny Depp est sur cette pente aussi. Je pense qu'ils se donnent des tuyaux. Smith n'existe physiquement que par ses cheveux, son khôl et son rouge à lèvres de travers…

H. : Tu lui enlèves son maquillage et tu as Ben Affleck !

R. : Ah oui ! Dans les films de Kevin Smith style *Chasing Amy*. Aussi Sean Penn dans *This Must Be the Place*. Bon ce look, c'est formidable un temps, mais quand tu arrives à un âge où ressembler à cette image t'impose un véritable travail de restauration, ce doit être terrible à vivre ! Regarde Madonna ! Elle n'arrive pas à opérer le passage de Madone à Matrone. Elle se photographie nue sur Twitter, alors qu'elle a des enfants qui sont adolescents. Ça ne va pas du tout !

Et toi Rudy, en tant que directeur d'une chaîne de radio comme Pure FM, comment est-ce que tu envisages le vieillissement des artistes ? Comment concilier ça avec une programmation de musiques émergentes ?

H. : J'ai envie d'ajouter : et comment est-ce qu'on envisage notre propre vieillissement ?!

R. : Dès le moment où tu as une démarche qui est honnête, sincère, qui reflète ici et maintenant ce que tu es, la question ne se pose même pas. Il y aura une évolution naturelle qui va s'opérer. Il y a des gens qui sont passés d'énervés et bruyants à calmes et posés, tout en gardant une cohérence.

Qui par exemple ?

H. : Bowie.

R. : C'est peut-être le meilleur exemple. Tout est inspiré et cérébral dans sa démarche, mais c'est aussi un redoutable homme d'affaires. Je pense qu'il avait compris que la seule façon de durer dans le temps, c'était d'être en permanente réinvention. Il y a aussi une part de calcul, c'est vrai, mais il faut bien dire qu'il est une référence pour beaucoup de gens de générations et d'origines musicales très différentes…

Constat amusant : ils ont peut-être dû être internés, mais force est de constater que le duo n'a pas, jusqu'au bout, manqué d'autodérision… Les voici au balcon !

BANDE N°21

DEUX VIEUX MUPPETS

R. : Je viens de finir un roman de Philippe Djian qui s'appelle *Love song* et qui est l'histoire à peine maquillée de Stephan Eicher, soit celle d'un chanteur de 50 balais qui se fait remballer par sa maison de disques.

On en revient à cette idée de comment vieillir en tant qu'artiste… Et la deuxième partie de la question, c'est votre propre vieillissement.

H. : On me pose souvent cette question. Je dis toujours en boutade : c'est pratique, chaque semaine, il n'y a qu'à se baisser, les conneries sont là, il suffit de les ramasser. Nous sommes tributaires de l'actualité, ça nous permet de nous renouveler. Pendant six ans, j'ai participé au *Jeu des dictionnaires* et fait une dizaine de saisons d'un cabaret d'actualités à Boisfort, « Les Nouvelles de l'Espace », on en sort essoré : tout le temps « écrire drôle », c'est épuisant…

R. : Tu as fait du cabaret ? Transformiste au moins ? Dalida ? Liza Minnelli ? Gréco ? Ahahaha !

> Schroutch, schroutch. Un bruit qui laisse penser que Hugues se frotte le torse avec vigueur !

H. : J'en reviens à mon idée. Dans *5 Heures*, ce qui nous sauve, c'est qu'il y a toujours de nouveaux films qui sortent, de nouveaux disques. C'est une fontaine de jouvence, on peut se réinventer. Il y a un équilibre entre le lexique de base, la myriade de couches de *private jokes* qui ont fini par constituer la toile de fond de *5 Heures* et les idées qui surviennent au fur et à mesure : les vieux 45 tours, l'album découverte, la C.O.D. Critic on Demand… J'ai l'impression qu'au fil des années, il y a beaucoup de choses qui changent, il y a des ajustements. Ce qui me fascine, c'est que je peux avoir des gens de mon âge qui m'abordent pour me parler de l'émission et à côté de ça, j'ai aussi des jeunes adultes qui m'écoutent sur les campus. C'est étonnant d'être trans-générationnel, je ne me l'explique pas.

C'est une des forces de l'émission, finalement ?

H. : Oui mais pourquoi ?

R. : On expliquera ça dans le volume 2 des entretiens… En fait, ce que dit Hugues nous ramène sur l'histoire de l'âge. C'est un sujet qui me questionne au quotidien. Je ne sais pas si c'est une réponse définitive, mais c'est un début de réponse… Je pense que la jeunesse n'est jamais une garantie d'innovation, mais que l'âge ou la maturité est toujours une garantie d'expérience ou d'expertise. La créativité n'est pas une question d'âge.

Tu préfères être vieux expert que jeune pas innovant ?

R. : Non, je préfèrerais être jeune innovant et mature expert tout en ayant gardé au fil du temps fraîcheur, créativité et ouverture sur l'extérieur. Moi, par exemple, je n'ai aucune certitude. Je n'ai pas décidé qu'une fois pour toutes, tel film ou tel groupe avait réalisé le plus grand album de tous les temps. Je ne suis pas fermé à l'idée que le meilleur album de tous les temps est encore à venir. Je pense que *the best is yet to come*. J'attends toujours une surprise, un émerveillement. Mais pour cela, je dois rester disponible. C'est ma légitimité pour travailler sur une chaîne comme Pure FM.

H. : Je pense que ce qui nous réunit, même si on ne l'a jamais formulé jusqu'ici, c'est que nous n'avons pas de certitudes, mais des convictions.

R. : Je suis toujours touché par des films où l'histoire raconte le moment où quelqu'un doit décider ce qu'il va devenir. C'est pour ça que des films comme *The Breakfast Club*, *Frances Ha* ou *The Perks of Being a Wallflower* (en version française *Le Monde de Charlie*) me fascinent. Même un film comme *Superbad*, qui dit beaucoup plus de choses qu'il n'en a l'air, ça me touche. La série *Six Feet Under* ne parle que de choix de vie, c'est un monument pour moi. Tout ça parce que je crois que je n'ai moi-même pas encore décidé ce que j'allais devenir.

H. : Et parce que tu as une sainte horreur de la nostalgie. Tu la fuis comme la peste.

R. : Ça ne m'intéresse pas. Je dirais même que ça me pose un problème.

H. : Je pense que c'est ta défense pour sauvegarder ta curiosité. Ce n'est pas pour rien que tu fais de la radio. C'est un média éphémère.

R. : Oui, j'étais très méfiant par rapport au podcast au début.

H. : Pour les Galapiats, on a fait des interviews, que tu n'as pas gardées. On n'a plus de trace. Moi, je conserve tout. C'est important, parce que Rudy est en recherche constante et fuit la nostalgie. Moi, j'ai une nostalgie productive, c'est une mémoire du passé qui m'aide en permanence à mettre en perspective tout ce que je vois et je lis. J'ai parfois du mal à rencontrer les gens qui achètent mes bouquins, parce qu'être confronté à des vieux collectionneurs avec des imperméables et des sacs en plastique… C'est un peu interlope.

R. : Et souvent tu me dis qu'ils ont oublié l'usage de la brosse à dents…

Ça, c'est parce que tu as choisi la BD. Si tu écrivais sur le rock, tu aurais un public avec des vestes en cuir et des tatouages.

H. : L'idée d'être exclusivement lu par des collectionneurs me donne des angoisses, parce que je ne travaille absolument pas dans cette idée. Ma logique, c'est de tirer des classiques vers la modernité. Je me partage entre des trucs qui ont été formateurs des goûts de ma jeunesse pour faire un mouvement entre le passé et le présent. Rudy, il s'en sert pour se projeter en avant.

R. : À tel point que j'oublie énormément de choses qui se sont passées !

Est-ce que tu réécoutes des disques, parfois ? L'impression des auditeurs, c'est que tu n'étais pas intéressé par un regard en arrière sur la musique. Quand un disque n'est plus dans ta playlist, c'est fini ?

R. : Il y a beaucoup de choses que je continue à suivre, par intérêt personnel. Des carrières, des trucs comme ça. Je n'ai pas à en faire étalage sur Pure FM. Mais si tu veux une confidence, le samedi après-midi est en général un jour que je m'accorde pour écouter de la musique des années 1980. J'aime bien.

Que tu programmes toi-même ?

R. : Pas immédiatement, ça démarre par l'écoute de l'émission années 80 sur Classic 21. Je l'ai souvent dit, en boutade, à Marc Ysaye : « Quand tu cherches quelqu'un pour les années 80, tu m'appelles. » Et j'écoute l'émission, sans aller jusqu'au bout, parce que telle ou telle chanson me fait penser à des trucs que je vais vite rechercher sur Internet, et que je réécoute. Ça me fait penser à d'autres choses. C'est comme une toile d'araignée. J'essaie de trouver ce que les gens sont devenus.

Il y a une démarche d'investigation… C'est une nostalgie productive.

R. : Mais je n'en fais rien. En écoutant, je me rends compte moi-même que ça a terriblement vieilli. Et ce que je ne supporte pas, c'est le côté « et ça n'a pas pris une ride ». C'est faux, évidemment !

Même si le son *eighties* est redevenu à la mode dans les années 2010.

R. : Oui, mais même si ce sont des influences *eighties*, les gens qui font de la musique aujourd'hui, qui sont vivants, ne seront jamais aussi modernes pour leurs contemporains que des gens qui sont grabataires ou morts ! Quand Lenny Kravitz est arrivé, il ne faisait jamais que du sous-John Lennon, avec un petit peu de Jimi Hendrix et une pincée de Guns N' Roses. Les gens disaient qu'il avait tout piqué à tout le monde. Peut-être. Mais pour les gens qui l'écoutaient, il était vivant ici et maintenant. Aller rabâcher à un gars de 15 ans que John Lennon c'était mieux, alors qu'il ne pourra jamais vivre dans son actualité, ni dans sa temporalité puisque c'est du passé, ça annule tout ça !

H. : Pour les jeunes, Bruno Mars est plus intéressant que Police.

R. : Aujourd'hui !

H. : En musique de films, bien qu'il ne se produise pas sur scène, je rêverais d'aller voir Alexandre Desplat en concert, parce que pour moi il fait du Debussy et du Ravel d'aujourd'hui. Même chose avec le grandiose Thomas Newman.

R. : Toi, ce que tu aimes bien, c'est la musique de Proximus.

H. : Wim Mertens. C'est extraordinaire !

Tapotement sur un clavier de smartphone.
Rudy lance les quelques notes en question.
Hugues s'esclaffe, la bande s'arrête.

Finalement, les deux vieux muppets sont en train de réussir leur coup. Je réalise qu'ils m'ont « légué » des révélations pas si éloignées de l'étiquette qui ornait la boîte dans laquelle j'ai retrouvé les bandes : Analyse totale du divertissement et grand déballage des dessous de l'entertainment cinématographique et musical…

LA LOI DES JUNKETS

BANDE N°22

Vous vous faites parfois des ennemis parmi les artistes ?

R. : Ah, il y a le problème de la promiscuité entre critiques et artistes. Il faut éviter ça. Pour être clair, il ne faudrait même jamais rencontrer ni des acteurs, ni des chanteurs.

H. : C'est ce que faisait la BBC à une certaine époque. Un journaliste écrivait la critique et un autre rencontrait l'artiste. Malin et essentiel.

R. : C'est le prix d'une indépendance totale, intellectuelle et affective.

H. : On m'a toujours demandé si Benoît Poelvoorde était un ami. Non. Il y a une complicité intellectuelle, un respect mutuel, mais ce n'est pas un ami.

R. : Complicité ne doit jamais rimer avec complaisance.

H. : C'est un piège. Beaucoup de critiques tombent dedans et se ligotent les mains eux-mêmes.

R. : Être proche de quelques artistes, ce n'est pas grave. Frayer une intimité avec l'industrie, ça c'est terrible. Alors, tu es redevable et corvéable à tous les étages.

H. : C'est le coup classique des *junkets* !

R. : Quelqu'un qui veut entretenir un lien privilégié avec une personne qui peut être sa porte d'entrée dans l'industrie est obligé d'édulcorer son propos. Du coup, il n'est pas en phase avec le public, mais avec les options marketing de la force en présence. Ça c'est terrible.

Silence complice.

H. : Le sens du mot « junket » en anglais est « voyage aux frais de la princesse ». Tout est dit. Ce qui est pervers, c'est qu'il y a une inversion de rapports entre offreur et demandeur. Les producteurs sont demandeurs de publicité et font croire qu'ils sont offreurs du privilège de rencontrer l'artiste. Dans d'autres domaines journalistiques, c'est toi qui fais la demande de rencontrer telle ou telle personne. Tu fais le siège du bureau d'un ministre, par exemple. En cinéma et en musique, ce sont les producteurs qui choisissent l'interlocuteur et les médias invités. Parfois, tu ne peux pas rencontrer un réalisateur, parce que le marketing n'a pas choisi ton média comme interlocuteur. C'est rageant ! Quand tu peux participer à un *junket*, il faut bien faire comprendre à la production que si eux paient les frais logistiques de ton déplacement, toi et ton technicien, tu paies en temps de travail ! Parfois pour un film médiocre, car tu ne le découvres que sur place. Il faut une part de flair, d'intuition, puisque tu achètes un chat dans un sac. Je te donne un exemple probant : Cécile de France et Matt Damon dans le film *Hereafter* de Clint Eastwood, sur papier, journalistiquement, ça mérite un JT. Bon ou mauvais, il y a une accroche et tout le monde sera curieux par rapport au film. On savait qu'elle ferait de la promo en Belgique après, mais le déplacement à New York se justifiait par le fait qu'elle serait avec Matt Damon et éventuellement Eastwood. Sur place, je découvre que le film n'est pas à la hauteur des attentes. Je fais tout de même les interviews. À mon retour, le distributeur belge me téléphone. Je lui dis que les interviews sont intéressantes, mais que je dirai très clairement que le film est décevant... Je sens un blanc au téléphone ; il se dit : « Damned, on l'a envoyé à New York, mais on a misé sur un mauvais cheval : il ne va pas faire la promo du film ! » Et effectivement, je ne vais pas travestir mon avis pour justifier mon déplacement a posteriori. Il faut sentir les bons *junkets*. Même s'il y a une pression, il ne faut dire que ce que l'on pense. La logique américaine, c'est de laisser les journalistes parler : il faut créer de l'espace. C'est la surface de critique qui les intéresse, pas tellement le contenu. En France, par contre, il y a une nervosité sur la critique. L'industrie n'aime pas la critique. Ça amène à des visions de presse sélective pour des médias copains qui ne critiquent jamais !

R. : Quand le journaliste part deux ou trois jours, c'est du temps de travail et donc de l'argent, c'est vrai. Mais quand en plus, le journaliste revient avec un mauvais sujet, cet espace vaut aussi de l'argent. Parfois plus cher que le temps du voyage ! Dans une période pas si reculée, on te proposait l'interview, tu la faisais et ensuite seulement tu annonçais ce que tu allais en faire, selon l'intérêt de l'entretien que tu avais eu. Aujourd'hui, on te demande avant toute chose de proposer un plan, comme une convention, de ce que tu vas exposer, comment tu vas promouvoir ton interview. Combien d'articles Internet pour l'annoncer ? Combien de tweets en amont pour dire que l'interview va arriver ? Va-t-elle être filmée et postée sur YouTube ? Y aura-t-il des articles Facebook ? Tout cela entre en compte, même si, heureusement, nous restons maîtres du rédactionnel, du contenu éditorial des interviews et des critiques.

H. : On reste garant de la liberté éditoriale. On ne m'a jamais empêché de poser des questions sur des sujets sensibles, comme le *final cut*. J'ai parfois des répliques extraordinaires. Michael Caton-Jones, réalisateur de *Basic Instinct 2*, m'a répondu : « De toute façon, dans ce film, c'est moi qui ai ouvert les jambes, pas Sharon Stone. » Il s'était consacré depuis quelque temps à un film sur les massacres au Rwanda qui était en panne de budget, et a accepté *Basic Instinct 2* pour le financer.

Selon le bon vieux principe des vases communicants.

H. : Exactement. Heureusement, jusqu'ici, les journalistes gardent cet espace libre, ce terrain de jeu pour poser les questions.

Peut-être que les jeunes journalistes ont moins de liberté en arrivant dans la profession ?

H. : C'est-à-dire qu'ils ne se posent pas forcément la question offreurs / demandeurs. Ils ont le sentiment d'être privilégiés. C'est le vice de l'interview qui est juste un prétexte pour faire un *selfie* avec l'acteur.

R. : C'est un problème d'époque qui ne touche pas que les journalistes.

H. : Beaucoup d'acteurs et de réalisateurs sont conscients que moins il y a d'argent, plus il y a de liberté. Souvent, ceux qui font du théâtre à côté ont plus de recul. Ils n'ont pas un plan de carrière avec des photos pour un parfum en tête.

R. : La gestion du temps n'est plus du tout la même. Ça amène une autre pression. Les calendriers sont très serrés. Tu vois, le temps dans l'industrie de la culture, c'est le contraire du trou du c… **Hugues tousse et couvre la voix de Rudy.** Avant, il était dilaté et il y avait peu de pression… **Hugues tousse à nouveau. On dirait que le thé a du mal à passer…**, et aujourd'hui, il est très serré et il faut faire rentrer beaucoup de trucs dedans.

Il y a aussi la tentation de l'immobilisme ?

R. : Regarde, Netflix. En France, une loi vient de passer pour leur interdire de diffuser un film s'il a moins de trois ans. On casse l'offre du nouvel entrant, pour garder la chronologie de l'exploitation. Mauvais plan. Voilà aussi pourquoi tout doit aller vite, tout le monde est stressé, toute l'industrie est en feu.

H. : Je dois tout le temps signer des décharges comme quoi je ne vais pas twitter à la sortie de la vision de presse.

R. : Les acteurs aussi ont des clauses anti-tweet dans leurs contrats. Sur les gros tournages, tous les posts sur les réseaux sociaux sont hyper-contrôlés. Alors que les comptes des acteurs pourraient être un journal de bord sympathique pour les fans qui les suivent…

H. : L'industrie veut tout contrôler : les acteurs, les médias. Avoir une mainmise sur tous les risques. C'est un marchandage permanent ; le distributeur, avant de nominer un journaliste à un *junket*, va toujours demander : « Combien d'espace tu me donnes pour cette interview et comment vas-tu la valoriser dans ton média ? » Il y a une double question qui revient tout le temps : qu'est-ce que vous en pensez et qui est avec nous ? Un exemple extraordinaire c'est *Les femmes de l'ombre* de Jean-Paul Salomé, film pourri, façon « Martine fait de la résistance». Les distributeurs ont dû annuler la venue du réalisateur, parce que toute la presse refusait les interviews. Autre exemple de flop : *Café de Flore*, avec Vanessa Paradis, une fumette complète. Pas grand monde ne voulait faire l'interview, or Paradis se déplace toujours avec cinq personnes : maquilleuse, coiffeuse, conseiller lumière, ça coûte un os pour le distributeur qui doit caser tout le monde dans un hôtel prestigieux. Vanessa Paradis, tu peux avoir un planning complet, mais pas avec la presse cinéma, plutôt la presse féminine *Femmes d'Aujourd'hui*, *Elle Belgique*, *Flair*,… Ils savent qu'ils auront un planning presse complet, mais qu'on ne parlera pas du film !

R. : Avec éventuellement un témoignage complémentaire de Benjamin Biolay pour « Picole Magazine ». C'est comme quand Yann Tiersen avait fait un album avec Miossec, on avait dit que c'était « Pinard et Pétard font un disque ! »

H. : C'est bien d'avoir du people, mais le film, qu'est-ce qu'on en fait ? Vanessa Paradis n'est pas venue, parce que la dépense était trop lourde pour ce distributeur indépendant. Le jeu n'en valait pas la chandelle.

R. : Tout participe de la même chose : diminuer au maximum la prise de risque. Or dans un métier comme ça, s'il y a bien une chose qui doit être le moteur, c'est le pari sur des projets ! Le risque, l'engagement ! C'est ce qui fait le sel. Plus tu diminues la prise de risque, plus tu diminues le côté singulier et tout devient lisse. En musique, c'est la même chose. On me fait souvent écouter des maquettes en me demandant si Pure FM va suivre. Je n'en sais rien, je ne vais pas juger une maquette. La maquette peut être très bien, mais ils peuvent se perdre en cours de route. Chacun son métier ! On peut vous apprendre à faire quelques mouvements de natation, mais nous on n'est pas là pour remplir la piscine ! Combien de fois on ne m'a pas demandé après deux ou trois singles : et sur ce disque, qu'est-ce que tu verrais comme single suivant ? C'est se ligoter les mains ! Je réponds toujours que je ne peux pas prendre le risque à leur place…

H. : Ma question existentielle pour la pérennité de *5 Heures* n'est pas tellement en interne, mais en externe. Si un jour les conditions d'interviews et de critiques deviennent trop contraignantes, je ne suis pas sûr que le plaisir sera encore au rendez-vous.

Mais est-ce que justement, ce n'est pas sous la contrainte qu'on est le meilleur ?

R. : On peut parler de l'affaire *Vanity Fair* avec Gwyneth Paltrow ? Ça résume parfaitement la situation. Moi, j'ai confiance en l'avenir, je vais t'expliquer pourquoi. Comme tout le monde le sait, l'histoire est rythmée par une action suivie d'une réaction, c'est un balancier. Il s'est passé un truc il y a moins d'un an aux États-Unis. *Vanity Fair* a mis Gwyneth Paltrow en couverture et a publié une mauvaise critique de *Iron Man 3*. Pourquoi ont-ils publié cette mauvaise critique ? Parce que leur liberté éditoriale s'était rétrécie et tous les articles devenaient complaisants. On louait le glamour des acteurs, leur potentiel à faire la couverture, mais l'esprit critique sur les œuvres cinématographiques disparaissait. Du coup, le magazine avait perdu un public plus exigeant qui souhaitait être informé sur l'activité professionnelle de ces acteurs et pas sur leur vie privée. Et ce public se réfugiait dans les blogs où la liberté était totale. Très simplement, les blogs avaient une liberté de pensée que l'on ne retrouvait plus dans la « grande presse », censée faire l'opinion. Constatant ça, la rédaction de *Vanity Fair* s'est dit qu'ils ne pouvaient plus continuer ainsi. Il leur fallait redire les choses de manière critique, sinon ils étaient morts. Il fallait du contenu, une opinion, choses pour lesquelles les gens sont prêts à payer, mais plus pour avoir du sirop à tartiner. Du coup, Gwyneth Paltrow a refusé qu'on la mette en couverture, en mesure de protestation. Dans la foulée, elle a demandé à tous ses collègues acteurs de faire la grève contre ce magazine. La rébellion de l'industrie contre ceux qui leur passaient la pommade ! Quand ça va trop loin d'un côté, il y a forcément un retour de balancier.

Et comment ça s'est fini ?

> **R. :** L'article est resté et la couverture aussi. 1 à 0 pour *Vanity Fair*.
>
> **H. :** C'est un sujet intéressant. Au journal télévisé, on réfléchit beaucoup à ça. Mon rédacteur en chef a un avis très clair sur la question : dans la mesure où toute information brute est disponible partout aujourd'hui, la seule façon de faire la différence, c'est l'expertise. C'est le point de vue, l'éclairage et l'analyse. La valeur ajoutée, c'est ça. C'est ce qui est défendu à la RTBF et c'est rassurant pour les journalistes de la maison.

Le principe de reprendre les *quotes* des journalistes sur les affiches des films est assez dingue si on y pense bien.

> **H. :** En fait, on devient agent publicitaire pour pas un balle ! On me demande une *punchline* et des étoiles. Or, je n'ai pas toujours d'avis éclairé sur chaque film.
>
> **R. :** Ah ah, c'est le fameux truc : Hugues Dayez « Un sommet », mais la suite de la phrase c'est « …d'immondices ! »

Est-ce que des distributeurs jouent parfois le contre-pied, la carte de la *quote* qui flingue ?

> **H. :** Non. Jamais.
>
> **R. :** Un type a fait ça, c'est Jean-Jacques Goldman. Dans le programme d'une tournée, il avait collecté toutes les critiques négatives du début de sa carrière. C'était amusant.

Est-ce que *5 Heures* serait viable en télévision ? Est-ce là le sens de cette nouvelle bande ? Mon enquête approche de la conclusion, je ne dois négliger aucune piste... Même les plus improbables...

TÉLÉVISION CINÉMATOGRAPHIQUE ET CINÉMA TÉLÉVISÉ

BANDE N°23

RECOMMANDÉ PAR 5 HEURES

Un phénomène qui a marqué le milieu de l'existence de *5 Heures*, c'est l'émergence des séries télévisées haut de gamme. Comment avez-vous emmagasiné ça, parce que ça a fait vaciller le cinéma ?

R. : Tout a démarré pour moi avec *Six Feet Under*. Même si *Les Sopranos* est antérieur. En fait, nos discussions hors antenne ont commencé avec la création d'Alan Ball. Finalement, qu'est-ce qui définit un film ? Au moment où *Six Feet Under* est mis sur antenne par HBO, l'histoire est signée par le scénariste de *American Beauty*, soit le mec le plus en vue du moment à Hollywood. C'est filmé avec une narration, une direction d'acteurs, des moyens financiers qui sont ceux du cinéma.

H. : La musique de Thomas Newman, la présence du magnifique Richard Jenkins...

R. : Oui, c'est troublant, parce qu'au même moment, tu as Michael Moore qui cartonne en salles avec des documentaires au format télévisuel ! C'est un chassé-croisé, on se pose la question, qu'est-ce qui est du cinéma, qu'est-ce qui est de la télévision ? Est-ce qu'on ne devrait pas passer du temps à parler de choses proches de l'écriture cinématographique même si elles ne sont pas projetées dans une salle ? Qu'est-ce qui définit un film ? Sa nature ? Sa façon d'être exploité ? Son support ?

H. : Est-ce que c'est son format d'exploitation ou son écriture ? Souvent maintenant, c'est passé dans le langage courant, quand on est négatif par rapport à un long métrage, on dit : c'est un téléfilm. Dans notre esprit c'est *Louis la Brocante*, ou ce genre de truc filmé comme une publicité pour la chicorée. Il faut expliquer ça aux gens, il faut être clair. Parfois, on a des acteurs de cinéma dans des téléfilms. Là où les séries ont brouillé les cartes, c'est dans ces transfuges. Dans le monde anglo-saxon, il n'y a pas de dépréciation qualitative. Maggie Smith, un monument du cinéma anglais, tourne la série *Downton Abbey*, fait du théâtre, se retrouve dans *Harry Potter*. Il n'y a pas de frontières, ces gens choisissent des bons projets. Ça rappelle la phrase d'Oscar Wilde : « Est-ce qu'un livre est moral ou immoral ? Non, un livre est bien écrit ou mal écrit. » C'est la même chose et c'est la mentalité anglo-saxonne. En France, il y a les acteurs de téléfilms, qui font partie d'un cheptel mort pour le cinéma : Claire Keim ou Robin Renucci sont étiquetés « télé » et n'en sortiront plus. La frontière film / téléfilm dans la culture francophone est encore stricte. Ce ne sont pas les acteurs qui définissent la grammaire cinématographique, c'est un

R. : rapport de temps de tournage, le rythme du film (en se permettant des scènes d'atmosphère, de nuit).

R. : La logique n'est pas la même pour les grandes chaînes cryptées à abonnement aux États-Unis. Faire des séries, pour eux, c'est créer des produits d'appel, car ils ne peuvent pas toujours avoir des films aussi rapidement qu'ils le voudraient. Si tu prends Netflix, ils n'ont pas les films hyper-récents, ils ont un catalogue. Leurs produits d'appel, ce sont des séries maison avec un retentissement et une qualité proche d'un film de cinéma. Eli Roth a produit la série *Hemlock Grove* pour Netflix, c'était incroyable, *House of Cards*, c'est une autre série brillante produite aussi par Netflix. Pendant des années, HBO fournissait le top du top et ils sont en train de reprendre cette place de leader. La liberté d'écriture est plus grande, car ce sont des chaînes à péage. Parfois même, les chaînes sauvent des films d'un naufrage, comme *Behind the Candelabra* (*Ma vie avec Liberace*) que HBO a sauvé. La chaîne était à deux doigts de produire le *Lincoln* de Spielberg qui peinait à trouver des portes ouvertes à Hollywood. Même Canal + en France a fini par s'y mettre. À Cannes, on a vu le film d'Abel Ferrara sur l'affaire DSK exploiter la filière de la V.O.D., vidéo à la demande. C'est un film présenté en marge du plus grand festival de cinéma du monde, mais dont la destination principale est la télévision et l'ordinateur.

H. : Quoi qu'il en soit, lorsqu'on parle d'une œuvre filmée, c'est important d'avoir des passerelles.

R. : Hugues est très fort pour ça, il tend des ponts vers les bandes dessinées, les romans, le théâtre ou l'actualité politique.

H. : C'est normal, même essentiel.

R. : Par contre, il y a un truc où Hugues doit faire sa révolution numérique. De nouveau dans la dilatation du temps, je ne sais pas si on peut parler de ça… Mais c'est beaucoup de discussions que l'on a en off : le téléchargement.

Tous ces films que les auditeurs voient en festival…

R. : Ça, je pense que c'est quelque chose que Hugues a eu du mal à emmagasiner. La vitesse à laquelle les films circulent sur les torrents !

H. : On est passé des DVD *screener* aux liens Vimeo. Moi, j'ai une sainte horreur de regarder les films en streaming.

R. : Ça c'est quelque chose qui nous pose question. C'est impossible de faire une séquence « *5 Heures* téléchargement ». Mais à terme, ça deviendra un vrai souci.

L'industrie du disque n'a pas été très inspirée sur le sujet…

R. : Le jour où le fan / consommateur a demandé à avoir un meilleur traitement, de pouvoir avoir accès plus librement et rapidement, tout ce que l'industrie du disque a réussi à faire, c'est de se protéger contre leur public avec le *copy control* et toutes ces très mauvaises idées.

H. : Rudy a souvent dit en boutade que le succès discographique de Johnny Hallyday venait du fait que son public ne connaissait pas le téléchargement… CQFD.

R. : Le cinéma est plus malin. Ils ont lancé des pistes : l'idée de la 3D. Certains films sont en 4D.

H. : Le concept des salles club… Ils ont cherché des réponses créatives au téléchargement illégal.

R. : C'est pour ça que je crois qu'au-delà du fait que l'on parle de cinéma dans *5 Heures*, tous ces sujets ne sont que des trampolines pour rebondir sur d'autres choses, sur des thèmes qui touchent à l'universel, des sujets de discussions qui sont parfois café comptoir, parfois des entretiens sérieux. On touche à d'autres points qui ne sont pas complètement inutiles ou vains. On peut souffler un peu sur les braises au moment où le barbecue est en train de s'éteindre. Sans forcément être systématiquement à contre-courant. Dans le grand ensemble, c'est bien de temps en temps de pouvoir appuyer là où ça fait mal. Et quand ça fait vraiment mal, de continuer à bien appuyer.

H. : Cracher sur les limaces !

R. : Pour une chaîne comme Pure FM, dans une entreprise audiovisuelle comme la RTBF, service public, en Belgique francophone, petit pays, petit territoire, d'avoir ce point de vue, ce regard éditorial particulier, singulier, unique, si ça peut être contagieux et faire des émules, tant mieux. Je suis très content de le faire. Moi, j'aurais aimé qu'on me parle comme ça.

H. : Le cinéma et la musique, c'est notre base de travail, mais on sait qu'on s'adresse à des gens qui n'ont pas toujours le temps de suivre. Notre public est moins disponible de 25 à 45 ans, avec les gosses, le boulot, les contraintes.

R. : Pendant cette période de ta vie, tu vas surtout au cinéma avec tes enfants pour voir *Rio 2* ou *La Reine des neiges*.

H. : Il y a un trou, dans lequel se trouvent plein de gens qui malgré tout nous écoutent. Ils sont intéressés, ils veulent se tenir au courant, ils veulent avoir un avis, ils veulent en avoir entendu parler.

Cette bande-là, je suis particulièrement heureux de l'avoir découverte. Parce que dans l'émission, la variété, c'est un pilier ! Et Rudy Léonet a maintes et maintes fois évoqué l'idée d'un dictionnaire de la variété française. Je me demande ce qu'ils en pensent vraiment, finalement...

VARIÉTÉ FRANÇAISE

BANDE N°24

Il y a un truc dont on a assez peu parlé, c'est l'Anthologie alternative de la chanson française que prépare Rudy depuis 20 ans. On a peu parlé de variété…

> **R. :** Tu veux dire à partir de la fameuse armoire à vinyles que je viens de réparer ? Qu'est-ce que tu veux savoir ? L'encyclopédie, c'est un fantasme de Hugues, c'est un livre que je n'écrirai jamais parce que son idée est plus belle que sa réalisation…
>
> **H. :** Et puis tu risques le procès à chaque page.

Les producteurs des chansons, les chanteurs avec des caprices de diva… Il y a pourtant beaucoup de choses à dire. C'est la boîte de Pandore !

> **R. :** Historiquement, il y a eu une trêve fin 1970 et début 1980, ce qu'on a appelé en France la Nouvelle chanson française. On en a déjà parlé. À ce moment, il fallait être absolument auteur-compositeur pour avoir le droit d'interpréter des chansons. Mais avant cela, la variété française n'était jamais qu'une tripotée de marionnettes qui chantaient en français des titres qui étaient déjà des tubes aux USA ou en Angleterre. On les faisait rechanter en français, dans des textes approximatifs, en fait des collages phonétiques. Mais les chansons ne voulaient rien dire ! Ensuite, il y a eu une parenthèse compositeurs, avec les Cabrel, Jonasz, Goldman, Berger. Début des années 1980, c'était les gros tubes bubblegum plutôt sympathiques.

Aujourd'hui, il y a un retour au cycle précédent ?

> **R. :** Avec toutes ces marionnettes issues de la téléréalité de la chanson, on est tombé dans une espèce de scène miroir de ce qu'il y avait dans les années 60. Forcément, ils ont un organe, une colonne d'air, mais absolument pas de répertoire. Quand ils ne se font pas confectionner des répertoires sur mesure, ils vont chanter soit dans des comédies musicales, soit ils font des reprises, évidemment. On revient sur ce modèle initial de la variété française pourrie. Tout ça était noyauté par des imprésarios véreux, des Colonel Parker à la française comme Johnny Stark avec Mireille Mathieu ou Claude Carrère avec Sheila. Ce sont des personnes qui ont en fait exploité le filon, en laissant des gens relativement naïfs sur le carreau. C'est pour cela que la situation d'une fille comme Françoise Hardy, qui écrivait ses chansons, était exceptionnelle pour l'époque ! Jacques Dutronc aussi. Mais tous les autres n'étaient globalement que des marionnettes !

On est donc dans le retour de balancier ?

R. : C'est exactement ça. Après une trêve, qui a été un peu entamée par des gens comme Julien Clerc qui était entre les deux, on est à nouveau dans une période de simili-Claude François, qui ne ressemblent à rien.

H. : Une période karaoké.

L'industrie a énormément de mal à imposer les nouvelles stars, non ?

R. : En fait, ce qui manque vraiment sur le marché, ce sont des auteurs-compositeurs, capables d'écrire. Face à cette pénurie, on finit par faire des albums de reprises, ou de duos. L'extrême, c'est le vieux chanteur revisitant ses chansons en duo avec la jeune génération. Ce genre d'opération à vide ne ressemble à rien !

Et ce sont les mêmes qui se plaignent que le marché va mal !

R. : Mais ils ne font rien pour le soigner. Ils n'amènent aucun vaccin, aucune vitamine. Avec Hugues, on s'amuse d'un directeur artistique d'Universal en France, qui s'appelle Dominique Gau et qui est merveilleux. Il a sorti de son chapeau Les Marins d'Iroise, Nolwenn Leroy qui chante en breton,… Des trucs impensables mais qui marchent. Sinon, l'industrie part du principe que l'on va réunir sur un seul album des chanteurs qui, si possible, ne se font pas de concurrence et ne sont pas redondants. Ils ont chacun leur public et le producteur espère réunir tous ces publics sur un seul album. Multiplier l'impact en quelque sorte. Le producteur pense que l'addition des chanteurs va faire l'addition des ventes.

Ce qui est rarement le cas…

R. : Ben non, parce que personne ne s'y retrouve là-dedans… Les fans du chanteur de base ont l'impression d'être trahis. Le chanteur, sous prétexte de lui faire sa fête, on le momifie. Les autres essaient juste d'exister avec des répertoires qu'ils ne maîtrisent pas mais auxquels ils doivent rendre hommage…

H. : Je comprends, grâce au décodage qu'en fait Rudy, ce qui différencie l'époque des marionnettes et l'époque des néo-marionnettes…

R. : Tu veux dire les *new puppets* !

H. : Ah ah ! Oui, la différence, c'est la prétention de l'objet. Les 45 tours d'il y a quarante ans étaient déjà kitsch à l'époque et dénués de la moindre prétention.

R. : C'était du *born kitsch* !

H. : En tout cas pour beaucoup d'entre eux. Frank Olivier qui chantait *J'ai mal à ton cœur* ne pouvait pas être prétentieux ! Tout cela reste très sympathique, parce que c'est bon enfant, les coiffures sont improbables, les pochettes insensées. Dans l'émission, c'était assez rigolo de passer ce genre de titres en se moquant des chanteurs avec tendresse. Maintenant, avec les *new* marionnettes, comme il y a beaucoup de prétention, que ça soit dans l'objet ou dans la communication, c'est crispant. Quand Warner signe Patrick Sébastien et en fait un communiqué AFP comme s'ils avaient signé les Rolling Stones… C'est effarant ! On en rit différemment. Le principe est le même : on passe de la sauce musicale et on cause dessus, mais on est devenus plus grinçants, parce que plus énervés sur des principes qui se généralisent.

R. : C'est devenu salutaire, alors qu'avant c'était anecdotique. La variété, c'était une fancy-fair. Aujourd'hui, elle est plus suspecte. Quand Jenifer fait « Ma déclaration», son album hommage à France Gall, France Gall elle-même intervient pour dire que c'est de la merde. Alors que Jenifer avait dit : « France a entendu et aime beaucoup ! » Ça, c'est extraordinaire.

H. : Je pense que la tonalité de l'émission a aussi changé par rapport à ça. Le contexte a participé à l'évolution de l'émission. Je le ressens comme ça. Quand Rudy me dit que cette semaine, il y a du lourd, j'attends et je sais qu'idéalement on ne va pas que rigoler, on va aussi s'agacer de tout ça !

R. : Surtout quand on te présente ce genre de disque-gadget comme un projet extrêmement ambitieux. On te dit que tous les artistes se sont battus pour être sur ce disque. Alors que je ne suis pas sûr que ce ne sont pas les mêmes instrumentistes sur chaque piste. En vérité, c'est souvent une seule journée en studio où ils ont tous défilé. C'est mixé avec des gants de boxe, merci et au revoir.

Il n'y a pas d'âme ?

H. : La variété en 45 tours c'était un petit artisanat, ce n'était pas la méthode Bouyour.

R. : Ça n'a rien d'un hommage. C'est juste dommage ! Une fois qu'un album hommage est terminé, ils pensent au suivant et on retrouve les mêmes artistes dessus dans un autre ordre ! Ça n'en finit pas, il n'y a plus de limite. EMI, avant sa revente, avait signé un jeune mec, un moine franciscain qui chantait aux oiseaux… Une réponse aux Prêtres …Allô le monde ?

H. : Quand j'ai lancé à Rudy l'idée de l'anthologie alternative de la chanson française, c'est parce que souvent, dans les projets odorants, le *making of* est plus intéressant que le produit fini. C'est le coup classique des films maudits qui n'aboutissent pas. Le long métrage de Tim Burton sur Ed Wood est plus intéressant que les films d'Ed Wood. Rudy lâche souvent sur antenne des petits secrets de variété comme untel avec untel, celui-là ne boit pas que de l'eau…

R. : Il y a plein de secrets de polichinelle. La mort de Joe Dassin par exemple… Il faisait parler la poudre. À l'époque on ne parlait pas de ça, on disait : le pauvre avait fait un infarctus à 42 ans.

Maintenant, trente ans plus tard, on peut ?

R. : On risque un procès ! Thierry Le Luron est mort du sida, mais on ne l'a pas dit.

H. : Il y avait des questions d'assurance et d'héritage, mais c'était aussi symptomatique d'une époque où l'on couvrait d'ombre beaucoup de choses.

R. : Le Luron, à la grande époque, lorsqu'il faisait un récital, il était plutôt Olympia que Bobino, et en *after*, on m'a raconté (un peu comme Prince qui fait 3 concerts surprises au Botanique ! On rappelle que le ticket d'entrée est à 100 € cash et que l'ami Prince repart très certainement avec des grosses valises de billets après le show) que Le Luron faisait un deuxième spectacle en fin de soirée. Il ne reprenait pas ses sketches, mais partait dans un spectacle de travesti. C'était son truc, mais il ne pouvait pas le faire à la télévision.

H. : Tous ces « secrets de famille » font que l'anthologie alternative reste très difficile à faire !

C'est un monstre du Loch Ness…

R. : Ce qui est terrible avec cette variété française propre sur elle, c'est que c'était incroyablement décadent. Patrick Juvet, pour l'époque, faisait passer des messages à la télévision que tout le monde trouvait disco-rigolo, alors qu'en fait il était loin, avec des diamants sur le visage, décadent. Honnêtement, je pense qu'on n'oserait plus faire ça aujourd'hui.

H. : C'était du Dorian Gray. Le mariage Coluche – Le Luron, c'était provocateur comme jamais et de mauvais goût.

Pour en revenir à la variété, il y a quand même un cas unique, qui a traversé les époques, qui a failli mourir sous Sarkozy, c'est Johnny Hallyday…

R. : Il a raté sa mort ! On l'a toujours dit.

H. : Je l'ai interviewé pour *Jean-Philippe* et c'était un moment ultime.

Il est dans le paysage depuis cinquante ans, tout le monde a déjà écrit pour lui. C'est un phénomène.

R. : Oui, bon, tout le monde écrit un jour pour Johnny, mais à un moment donné il faut bien bouffer. On le sait peu, mais Dominique A écrit de temps en temps pour Calogero. Il ne s'en vante pas trop, mais il le fait quand même pour gagner sa vie.

H. : Pour Johnny, le cinéma c'est « que je t'aime, moi non plus ! »

R. : À une époque, Johnny a été endetté comme pas permis vis-à-vis des impôts. Son manager, dont il s'est défait depuis, Jean-Claude Camus - dont la fille par ailleurs productrice d'*Un gars une fille* a épousé Yannick Noah - avait épongé la dette de Johnny. Le contrat prévoyait que Johnny devenait de la sorte salarié de Camus. Tous les mois, quoi qu'il fasse, il touchait. Tout ce que Johnny gagnait, c'est Camus qui le touchait, mais il le mensualisait, en contre-partie de la résolution du problème impôts. Sauf que le contrat ne prévoyait pas les activités en dehors de la musique. C'est ainsi qu'on a retrouvé Johnny au cinéma, au théâtre, histoire de se trouver de l'argent de poche ! Sans parler de son dernier hit populaire pour « Optic 2000 »…

H. : Le dernier album n'a pas marché ?

R. : Pas tellement. Finalement, on n'est pas passé loin du « salut l'artiste » quand il est tombé dans le coma…

H. : Il faut bien dire que dans *5 Heures*, on parle plus volontiers du Johnny acteur que du Johnny chanteur.

R. : Ou alors reprise, ou *featuring* exceptionnel comme Grand Corps Malade. On n'a pas assez parlé des *feat* ?

C'est le mal moderne de la chanson ?

R. : Oui, c'est le dernier recours. Tout ça a commencé avec *Face à la mer* de Calogero et Passi….

H. : Hélas, c'est le genre de daube qu'on garde en tête pour toutes les vacances.

R. : Tout le monde a fait du *featuring*, même Patrick Bruel s'y est mis avec La Fouine. Mais le gros morceau variété de *5 Heures* a tout de même été l'album « Lys & Love » de Laurent Voulzy. Voulzy en cuissardes, ça c'était du lourd !

H. : L'attirail de Johnny est plus important que son œuvre.

R. : Exactement, ce qui est important, ce sont les chiens-loups. En tatouages, en imprimé gouache sur le dos des blousons, sur le réservoir de la moto…

H. : J'ai un souvenir délicieux de Johnny en promo à Bruxelles pour le film *Jean-Philippe*. Je reçois un planning hyper-serré minute par minute comme s'il s'agissait de Barack Obama, qui détaille : « À 16h28, JH est escorté par les motards de la police de Bruxelles. 16h34, JH prend l'ascenseur… » Bref, on pense que tout va être millimétré. Sauf que Johnny, sans prévenir, a piqué un petit roupillon en arrivant dans sa chambre d'hôtel… Résultat : ce beau planning a volé en éclats et tout a pris des plombes de retard. J'ai tout de même pu enregistrer pour le JT de 19h30 une interview merveilleuse, où en répondant à la question « quelle place a le cinéma par rapport à la chanson dans votre vie ? », Johnny cherche ses mots et me dit : « Le cinéma et la chanson sont… » et un gros blanc de 30 secondes. Je lui suggère « complémentaires ? » et il me répond : « Oui, c'est le mot que je cherchais, merci. » Merveilleux.

R. : Mais on n'aime pas non plus tirer sur les ambulances. Passer un gars ivre mort, ça c'est non. Un gars un peu simple, ça va.

H. : Dans ce cas, Johnny était juste naturel. Donc on lui fout la paix. Par contre, on a des amis qui nous surprennent... Voulzy c'était presque un ami de Rudy. Il l'avait reçu dans son émission *Chic Tornade*. Son délire médiéval nous a surpris ! Initialement, Marc Lavoine, on n'avait rien contre. Mais quand il fait le catalogue La Redoute et que tout devient de l'art, on se méfie…

R. : Tout est parti aussi de l'intérieur de sa femme… Sa femme est décoratrice d'intérieur et elle a un site où l'on peut visiter son intérieur. Évidemment, on a rebondi là-dessus !

H. : Puis Lavoine a acheté la villa de George Harrison pour s'en inspirer. Il y a des types comme ça qui tournent mal.

R. : C'est un peu une carrière à la Julien Clerc. Ce sont des types qui au début de leur carrière ont fait des albums relativement ambitieux et difficiles et puis après, ont fait n'importe quoi. Julien Clerc des débuts, ce sont des textes compliqués d'Étienne Roda-Gil et puis il termine en faisant *Melissa* et *Cœur de rocker*. Alors qu'en général, c'est plutôt l'inverse. Un début laborieux et puis les artistes mûrissent et deviennent un peu plus exigeants. Ils se bonifient avec le temps. Marc Lavoine, au début de sa carrière, il avait des chansons qui tenaient la route, il avait chanté avec Catherine Ringer des Rita Mitsouko, avait fait un spectacle où il entrait sur scène habillé en femme, il y avait de l'idée. Aujourd'hui il chante *C'est ça la France*, s'enroule dans un drapeau français et ne raconte que des âneries.

H. : Il tourne des rôles de séducteurs à la petite semaine.

R. : Il fait tout le temps des duos avec Claire Keim ou des albums de collages et photo-montages qui ne passeraient pas l'examen d'entrée à l'ERG…

H. : C'est pour ça que Phil Collins nous amuse tellement. Commencer dans Genesis et vingt-cinq ans plus tard enregistrer la bande originale de *Tarzan* de Disney en cinq langues inaudibles, quel chemin de croix !

BANDE N°24

> Oyoyoyo ! Dayez imite le cri de Tarzan.
> Léonet est hilare.

R. : Parfois, on est rattrapé par l'histoire. La fille de Phil Collins, Lily, fait du cinéma et elle est magnifique.

H. : Oui, il faut parfois se méfier des apparences, Brad Pitt sous ses airs de plagiste avec collier à dents de requins, a commencé comme bellâtre et s'est imposé au fil du temps comme un décideur, un acteur producteur de premier ordre. Finalement, je me rends compte que nos cibles privilégiées, ce sont ceux qui ont oublié les motivations de leurs vingt ans…

J'en suis maintenant persuadé, tout ceci a été soigneusement préparé. Rudy et Hugues préparaient un véritable bilan. Ils évoquent des notes, un plan de travail, un volume 2,... Et si tout ceci n'était en fait qu'une immense publicité déguisée pour l'émission ?

UNE GRANDE VARIÉTÉ DE CRÉATURES

BANDE N°26

Il y a un thème mystérieux retrouvé dans vos notes : « Une grande variété de créatures ». Expliquez-moi...

> **R. :** Là on aborde les problèmes de frontière linguistique. Resituons. Nous sommes en 2006. Il y a un jeu vidéo qui s'appelle *Silent Hill* qui devient un film. Un scénario franchement débile. Hugues avait reçu le synopsis et c'était du Google *Translate* avant la lettre. Un mish mash du néerlandais au français, du coup dans le synopsis, le film était « rehaussé d'une grande variété de créatures ».

> **H. :** Je crois que la phrase exacte était : « Notre héros devait parcourir des contrées et rencontrer une grande variété de créatures. »

> **R. :** Quand on ne peut pas faire appel à l'ami Pitch, on a recours à une lecture live du synopsis.

Comme quand Guillaume Gallienne lit des textes classiques le samedi après-midi sur France Inter ?

> **H. :** Exact.

> **R. :** C'était un classique qui s'ignorait. Tout ça est très service public, en fait.

> **H. :** Ça se perd un peu, mais le beau communiqué fait main, où tout est en anglais, sauf la première page de synopsis, c'est un régal. On s'amuse souvent des merveilles linguistiques de notre pays. On se souvient avec émotion de la fois où Rudy a reçu le nouveau disque de Samantha Fox, avec un calendrier coquin à offrir « en bonus aux *listeners* ».

> **R. :** Une belle expression marketing du nord, c'est le « gros *potential* ».

> **H. :** On évoque souvent nos voisins flamands qui vivent dans une autre réalité culturelle. Il y a pour l'instant une revanche à prendre sur ce terrain-là. Pendant des années, le cinéma flamand produisait des films populaires qui cartonnaient et souffraient de ne jamais avoir de récompenses. Tout l'inverse du cinéma belge francophone qui, dans le sillage des frères Dardenne, collectionnait les prix. Depuis quatre ou cinq ans, ça se renverse, il y a beaucoup de pression pour « auteu-riser » le cinéma flamand. Le Vlaamse Audiovisueel Fond est tenu par le fin renard Pierre Drouot, et communique beaucoup sur le moindre succès critique au festival de Plastron sur Cravate. Ils sont très fiers de leur cinéma, mais le fantasme américain est monstrueux.

The Broken Circle Breakdown en est l'exemple le plus flagrant. C'est une pâle copie de film américain.

R. : C'est *Blue Valentine* meets *Crazy Heart*.

H. : C'est sentimentalo-américain, ça n'a pas d'âme propre. Felix Van Groeningen rêve d'Hollywood, on l'a bien compris, le lobbying nationaliste autour de son film n'en est que plus ridicule.

R. : Si on prend un gars comme Matthias Schoenaerts, son pays de travail c'est la France. Il est l'égérie de Louis Vuitton, il n'est pas là pour faire vivre une représentation de la culture flamande. Idem pour Axelle Red ou Arno. Ça marche uniquement quand ils s'expriment en français.

H. : Le climat est profondément énervant, né d'un côté revanchard. On me dit que je ne parle pas assez des films flamands. Le problème, c'est que les distributeurs flamands ne les diffusent pas convenablement en Wallonie et à Bruxelles !

R. : On a le même problème en musique. Selah Sue, Soulwax, les Subs, Oscar & the Wolf, Gotye,… sont des artistes formidables, novateurs, riches. Mais on ne compte plus le nombre de groupes qui n'apportent rien, qui ne sont que des ersatz, sauf qu'ils habitent à un code postal 2000 ou 9000. Les artistes qui courent derrière un modèle, ça n'est pas intéressant !

H. : Ce n'est pas un problème qui ne touche que les productions flamandes. Quand Guillaume Canet fait *Blood Ties* aux États-Unis, c'est totalement pareil et inintéressant.

Il n'y a pas de frères Dardenne flamands, en termes d'originalité pure ?

H. : On a cru en Van Groeningen avec *La merditude des choses*, qui était traversé par une vraie poésie. Mais derrière, il fait un film à l'américaine. À croire qu'il n'a pas d'univers propre. J'ai rencontré récemment Michaël Roskam, le réalisateur de *Rundskop* qui vient de faire son film américain, *The Drop*, avec Schoenaerts dans un second rôle. Le film est bien foutu, mais pour moi, il n'apporte rien : c'est un énième film de mafia à Brooklyn. J'ai demandé cash à Roskam : « On a l'impression que le fantasme des jeunes réalisateurs flamands, c'est de très vite abandonner le néerlandais et tourner un film à Hollywood ! » Il m'a répondu tout aussi cash : « Le mythe américain, c'est ma culture. En

Flandre, on écoute majoritairement de la musique anglo-saxonne et on voit les films américains sous-titrés, jamais doublés ! » CQFD. C'est son droit le plus strict d'avoir envie de faire des polars à Hollywood, mais alors, qu'on arrête de nous bassiner avec « la défense de la culture flamande » : les artistes eux-mêmes ne la défendent pas !

R. : C'est exactement ça : l'ambition est grande, mais pour y arriver, il faut laisser la culture flamande au vestiaire et se conformer à un modèle anglo-saxon, américain ou même francophone dans le cas de la chanson. Comme l'autre qui reprenait tout Mylène Farmer en techno, c'était effroyable!

Je crois qu'elle s'appelait Kate Ryan.

R. : La vraie originalité ne s'embarrasse pas d'étendard communautaire.

H. : Il y a un gros réflexe identitaire autour de la télé. Les projets tirés de la télé peuvent marcher tout seuls, même s'ils sont inconnus 100 kilomètres au sud. La télévision hollandaise n'est pas du tout regardée en Flandre, il n'y a pas d'identification. Contrairement à la Belgique francophone où les spectateurs sont tournés vers les télévisions françaises. Souvent, il faut qu'un acteur ou un réalisateur ait trouvé le succès en France pour être reconnu du public francophone. Poelvoorde est passé dans une autre dimension quand il a tourné *Podium* et crevé le plafond des 4 millions d'entrées. En Flandre, il y a un phénomène unique, qui est celui des « Bekende Vlamingen », des vedettes locales qui peuvent faire l'appoint lors d'inaugurations et de barnums à strass. En Wallonie, il n'y a pas ça.

R. : Je dirais que c'est un tort, parce qu'à terme, avec l'accès aux artistes internationaux qui se raréfie, ça ne sera plus possible. Donc finalement pour continuer à faire un métier médiatique, il faudra alimenter avec du local, ou mourir asphyxié…

H. : On devra peut-être interviewer l'homme qui a vu l'homme qui a vu l'ours.

R. : En Flandre, il y a une génération de gens qui n'ont pas vu l'ours, mais qui sont l'ours ! On n'a pas encore ce phénomène du côté francophone et je crois qu'il faut y faire attention. Ça ne veut pas dire monter en épingle n'importe qui, mais en tout cas accompagner et aider les futures stars.

H. : Qu'il ne faut pas confondre avec ces espèces de people en tous genres qui se la ramènent grave comme par exem...

(La bande se coupe brutalement.)

Je n'y croyais plus. Le boulot de retranscription était pratiquement achevé. Par acquis de conscience, je suis passé une dernière fois inspecter le bureau de Rudy Léonet. C'est ainsi que j'ai remarqué, traînant sur le bureau, une vieille pochette de disque (la bande originale de la série *X-Files*) avec une note soulignée « Don't forget that zero is also a number ». C'était la clé. J'ai lancé la dernière bande à l'envers et j'ai découvert ce que je cherchais au début...

5 HEURES : THE ORIGINS

BANDE N°0

Commençons par le commencement : « *5 Heures : The Origins* »…

R. : Tu savais que le département marketing de Pure FM a pensé à un *reboot* de *5 Heures* ? À « *5 Heures : The Origins* » ?

Non, mais en fait comment débute l'émission ? En ce qui te concerne, tout commence sur Radio Cité, n'est-ce pas ?

R. : Je suis entré comme assistant de Marc Moulin en 1982. Je répondais au téléphone. De fil en aiguille, je suis passé sur Radio 21, où j'ai fait partie de Système 21.

H. : Historiquement, Système 21, c'est ce qui remplace Radio Cité. Rudy y faisait des infos en bref sur le rock : les Rock Infos.

R. : Oui et de l'animation, même si je suis plutôt programmateur à cette époque. Au début des années 1990, il y a un changement de direction sur Radio 21 et clairement une attente de nouvelles émissions originales. Profitant de cet état d'esprit frais, je rentre un projet à la direction de l'époque. Ce projet, je l'imagine comme un week-end au milieu de la semaine. Mon idée est de proposer une grande émission intégrée le mercredi après-midi, un moment où un public plus jeune est captif. Faire une sorte de *Dimanche Martin*, mais qui serait plutôt *Mercredi Rudy*. Une émission qui durerait cinq heures, de 14h à 19h, une fois par semaine. Je pense mettre en place un marathon avec des invités, des chroniqueurs…

Des chroniqueurs parmi lesquels Hugues ?

R. : Non. Pas du tout…

H. : Disons que j'arrive par la fenêtre. Mon émission télé sur le cinéma *Grand Écran* est supprimée, je suis un peu déboussolé. Or le nouveau directeur de Radio 21, Bernard Château, veut dépoussiérer son information cinéma. Il me propose de rejoindre la chaîne. Je commence en septembre 1994, mais pas directement avec Rudy. Les après-midi de Radio 21, c'était de la musique et très peu de talk, à part les annonces et désannonces de disques. Ponctuellement, il y avait des chroniqueurs et c'est comme ça que j'ai parlé de cinéma pendant une saison dans la tranche horaire animée par Soda. Je la connaissais car nous avions sympathisé dans une émission d'humour en télé *L'Empire des médias*.

R. : Ce qu'il faut savoir, c'est que ma note d'intention du projet n'a rien à voir avec Hugues ! Hugues, on me l'a imposé ! Il faut le dire ! Il était déjà là le mercredi, puisque c'est le jour des sorties cinéma. Lorsque Bernard Château me dit : « On y va pour ton projet, ça me botte ! », en vérité, son message c'est : « Ok pour la grosse émission marathon, mais comme on est mercredi, tu dois prendre Hugues Dayez pour les séquences cinéma. » Je suis blême… Je voulais faire une émission marrante, pas un truc pincé en cravate. Je connaissais Hugues des couloirs de la RTBF, j'avais bien compris qu'il était grinçant, drôle, mais je ne retrouvais pas ce type-là sur antenne… J'avais le feu vert, mais je devais me débrouiller avec cette obligation et la présence de Hugues dans le casting était clairement pour moi un challenge.

H. : C'est vrai qu'on discutait parfois dans les couloirs. À l'époque de Système 21, on se croisait souvent. J'ai même remplacé Rudy pour les Rock Infos, imagine ! On était différents de prime abord, mais on avait les mêmes cibles, on riait (et ricanait parfois) exactement des mêmes choses.

R. : Vrai ! Mais je ne retrouvais pas ce Hugues-là en télé et en radio. Je me disais : « Mon Dieu ! Qu'est-ce que je vais faire avec ce gars ? »

C'est donc un mariage forcé ?

R. : Au début oui, mais quelque part, je trouvais la personnalité de Hugues séduisante. Intrigante, pour ne pas dire « convertible ». Il y avait un vrai défi à relever.

H. : Il faut dire qu'à ce moment, je panse mes plaies. Pour Rudy, tout commence avec ce gros projet des *5 Heures*. Moi, je sors d'un échec à la télévision. J'allais faire des beaux *junkets*, beaucoup d'interviews, j'étais à la tête d'une équipe et puis boum… Mon émission est supprimée après trois saisons. Je n'avais pas envie de retourner au JT, je voulais rester journaliste culturel. Alors, on m'a confié la coordination culture sur la chaîne radio bruxelloise, ce qui constituait mon job principal. Les critiques cinéma sur Radio 21, c'était du bonus. Mon intervention dans *5 Heures* durait quinze minutes à tout casser au début !

R. : C'était la réflexion du directeur d'antenne à ce moment-là pour me convaincre de prendre Dayez : « Tu vas avoir une émission qui dure cinq heures. Une séquence cinéma de 15 minutes, ce n'est rien du tout… »

H. : J'arrivais parmi d'autres chroniqueurs : Bernard Dobbeleer, Olivier Losson,…

Si on résume, la philosophie de départ de *5 Heures*, c'est un week-end dans la semaine. Avec de la musique, des bouquins, du cinéma, du rock, des sessions live…

R. : Des news, des interviews et plein de gens en direct. On lance une émission de « pop culture ». Ça parle de tout ce qui peut être intéressant. C'est un ramassis de l'actualité de la semaine. On fait une espèce de revue de presse sur antenne, on entend même les pages du NME, du Melody Maker qui tournent. On a plein d'albums en exclusivité. Rapidement, ça devient un rendez-vous incontournable. Les maisons de disques finissent par *booker* les artistes en promo systématiquement les mercredis, pour qu'ils passent dans *5 Heures*.

Est-ce que ça fonctionne tout de suite ?

R. : Pour la première émission, je crois qu'on a eu Ben Harper et Stephan Eicher en direct. Les mecs se croisent, se parlent sur antenne, je les laisse discuter, tout le monde en profite. Très honnêtement, il se passe quelque chose dès la première.

H. : Moi dans ce beau lancement, je débarque. J'arrive comme un cheveu dans la soupe.

R. : On est loin de la soupe, pourtant. Musicalement, on est dans une époque où beaucoup de choses sont possibles. On reçoit Moby plusieurs fois en direct, Underworld, Eels, Blur (ils sont bourrés, je dois les virer). On a des DJ sets de Daft Punk, de Cassius, de Air, …Tout ça en plein après-midi et en live. Rétrospectivement, le casting est insensé !

H. : Oui, et ce qui est sûr c'est que dans ce casting, notre duo n'était pas prévu dans le script !

R. : Moi qui ai la mémoire comme une passoire, je me souviens néanmoins très bien de la première émission. Hugues arrive, c'est un challenge, je dois créer quelque chose. J'étais sûr que ça serait très bien en termes de contenu, de pertinence, mais j'ai peur pour le ton de l'émission. Je voulais une machine où l'on rue un peu dans les brancards… En plein milieu d'une critique, d'un film très sérieux, je dis à Hugues « Oui ok, tout ça est très bien, mais ce qui intéresse les auditeurs, c'est de savoir s'il y a des femmes à poil dans le film ? » En faisant ça, je me suis dit, ça passe ou ça casse : ou bien il me rembarre et c'est foutu, ou bien il saisit le truc. Et évidemment, il a saisi le bâton et il ne l'a jamais lâché !

H. : Je pense que Rudy m'a *punkisé* !

R. : Non, on ne peut pas *punkiser* à ce point-là ! Hugues avait un solide fond de base. C'est un peu comme Albert Dupontel dans *Le Grand Soir* face à Benoît Poelvoorde : il avait un punk à chien et une crête en lui et ne le savait pas ! Il ne fallait pas grand-chose pour que ça se révèle !

Est-ce que vous diriez que l'émission a toujours eu ce petit côté punk ? Dans le sens de remettre en cause les vérités un peu toutes faites… Ruer dans les brancards, c'était essentiel dès le départ ?

R. : D'abord, je pense qu'il y a un problème d'honnêteté par rapport aux gens qui nous écoutent. On ne va pas les envoyer dépenser vingt euros de tickets de cinéma et le prix d'une baby-sitter pour un film bancal ! On ne va pas *hold-uper* les gens au nom d'un système qui veut que ce soit le film-événement de la semaine ! Un système qui veut leur faire croire que s'ils n'ont pas vu ça, ils ont raté leur vie…

H. : Dans mon boulot de critique, je me mets toujours du côté du public et pas du créateur. Je vois les films gratuitement, mais je n'oublie pas que les spectateurs paient leur place !

R. : Hugues a même rajouté au hold-up une notion qui est extraordinaire : dans l'industrie du cinéma, en dehors des voleurs d'argent, il y a aussi les voleurs de temps ! Non seulement ça ne vaut pas la peine d'aller dépenser son argent sur ce film, que tu pourrais voir dans d'autres conditions, moins chères et à un autre moment, mais aussi ça va siphonner une heure et demie de ta vie. Dans un monde où l'on est sollicité par tellement de choses incroyables, le temps c'est important !

Hugues et Rudy dans *5 Heures*, ce sont des personnages ou vos vraies personnalités ?

R. : Notre duo est basé sur du contenu, plutôt que sur une interprétation de deux personnages. Même si dans la tête des gens, il y a toujours l'auguste et le clown blanc. Enfin, c'est plus compliqué que ça, mais on fonctionne à l'authenticité… Même si cette notion peut paraître cliché, *5 Heures* n'est pas *fake*. Si tu reprends l'histoire à son début, tout ce qui faisait le projet de *5 heures* sur papier, il y a vingt ans, tout, absolument tout, a disparu. La seule chose qui reste après vingt ans, c'est la seule qui n'était pas prévue. C'était la rencontre avec Hugues. Quelque part, tu dois aussi laisser un peu de chance à cette théorie du chaos, qui veut que quand tu as tout envisagé, il y a quand même, comme dans *Jurassic Park*, un grain de sable qui va faire que ça change de cap. La vie est comme ça ! Tout a disparu, sauf ce qui était imprévu.

Ma mission était finie. Les bandes avaient livré leurs secrets. Pris d'un léger spleen après tant d'heures de recherches, je sortis des couloirs de la RTBF, sous un typique et cafardeux crachin d'octobre. Alors que je faisais quelques pas sous la pluie, mon téléphone vibra. Un texte s'afficha sur l'écran tactile : « On s'est échappés ! Rejoins-nous près de la statue du Messager... Toi qui es devenu un spécialiste des messages codés, tu trouveras facilement... HD+RLEO. »

Recommandé par **5 Heures** ou ***Télécommandé par 5 Heures*** ? La question restait ouverte...

RETROUVEZ *5 HEURES*

SUR LE WEB : WWW.PUREFM.BE

SUR FACEBOOK : 5 HEURES - PURE FM RTBF
PURE FM - RTBF

SUR TWITTER : @RUDYLEONET
@PUREFMLARADIO

Achevé d'imprimer en octobre 2014 par l'imprimerie PBtisk a.s. (République tchèque)